JN007113

これからの病院経営を担う人材

医 療 経 営 士 テ キ ス ト

広報／ブランディング／マーケティング

ブランディングを軸にした広報活動と価値共創、
自己実現のマーケティング手法

中 級【専門講座】

石井富美 編著

2

日本医療企画

はじめに

　「広報」は「パブリックリレーションズ（Public Relations）」の訳語であり、一般的にはPRという言葉で普及している。医療法によって非営利を原則としている病院にとって、コマーシャル的な意味合いのPRという言葉は親和性がないように感じるかもしれない。しかし、PRの本来の意味は、組織とその組織を取り巻くステークホルダー（利害関係者）との友好な関係を創り出すための活動である。19世紀末から20世紀にかけてアメリカで発展し、日本には第二次世界大戦後の1946年以降に導入された。広報・パブリックリレーションズは、"関係性の構築・維持のマネジメント"である。したがって、その活動はステークホルダーとの双方向のコミュニケーションが必要になる。企業・行政機関など、さまざまな社会的組織がステークホルダーと双方向のコミュニケーションを行い、組織内に情報をフィードバックして自己修正を図りつつ、良い関係を構築し、継続していくマネジメントだと言える。医療においても考え方は同じで、病院が提供している医療について情報発信し、その医療を必要としている人々に情報が届くこと、また情報を求めている人たちが、その情報にたどり着くことができるような関係を構築することである。

　インターネットで少し検索するだけでも、さまざまな情報や事例を参照することができる時代だが、「広報」をあえて一言で表現するなら「ステークホルダーとの関係性を良好に保つコミュニケーション活動」と言えるだろう。では、「関係性を良好に保つ」とは、どういう状況を指すのだろうか。まずは、病院を取り巻くステークホルダーについて考えてみよう。

　利用者である患者やその家族はもちろんだが、近隣の医療機関や介護施設などの連携先、行政機関、町内会や商店会など地域住民のコミュニティ、医療材料や医療機器、薬剤などの取引業者、金融機関などもステークホルダーになる。さらに、病院で働くさまざまなライセンスを持った職員たちも重要なステークホルダーだ。つまり、それらの多様なステークホルダーとの関係性を良好に保つためのコミュニケーション活動が、「広報」の役割なのである。

　「広報」活動の対象は、大きく分けて外向きと内向きの2方向、つまり院外に向けた広報と院内に向けた広報の2つに分類することができる。いずれの場合もコミュニケーション活動の基本は「情報発信」と「情報循環」だ。自院の活動や想いをステークホルダーに発信するだけでなく、各ステークホルダーとの双方向コミュニケーションを図ることも重要な役割である。地域の医療機関や介護施設の専門職を対象とした地域連携推進のための懇話会や、地域住民向けの健康講座・交流会などのイベントを通して、情報発信と情報収集を行

いながら関係を構築していく活動が「関係性を良好に保つ」ことにつながる。

　また、広報には「ブランディングの推進」という役割もある。自院が地域のなかでどのような役割を果たしていくのかを明確に示し、その立ち位置を確立することでブランディングを推進すれば、連携もスムーズに進む。ブランディングの確立のためには、一貫性のある情報を継続的に発信していくことが必須であり、そのような活動を続けることが院内の文化醸成にもつながる。組織文化が形成され深く浸透していくことは、職員の組織コミットメント形成にもよい影響を与えるだろう。

　最近はSNSなどで個人が情報発信をする機会が増えている。そして、それらの多くは一方的な情報発信ではなく、視聴者からの何かしらのフィードバックがあり、そのフィードバックをより多く獲得するために、話題や表現に工夫を凝らしている。つまり、個人がそれぞれにセルフプロモーションを行い、自らのブランディングをしているのである。社会の潮流を読み、流行に敏感になり、自分の投稿を目にしてくれるであろう視聴者像を想像しながら、より最適な話題や表現を模索し、情報を発信する。これはまさに、絶えず変化する人々のニーズに応えるためのマーケティング活動の実践と言えるかもしれない。

　社会の変化によって、「広報」活動は大きく変わってきている。単なる情報発信だけに留まらず、ブランディングを軸にした広報活動、さらには地域から求められている役割と価値を創造し、実現していく活動へとつなげていくことを目指したい。

石井　富美

目　次
contents

第 4 章 広報戦略事例

第1章
ブランディングとは

1 ブランディングの意味
2 病院の存在価値、社会的役割

① ブランディングの意味

1　ブランディングとは

　「ブランディング」という言葉をよく耳にするようになったが、皆さんはどのように捉えているだろうか。ブランド品という言葉から、高級なもの、一般的によく知られているもの、というイメージがあるかもしれない。

　ブランドという言葉は、古ノルド語の「Brandr(焼き付ける)」に由来している。元々は放牧している牛や醸造されたウィスキーの酒樽に焼印を押し、所有者や製造元を明示するための印として文字やマークを入れたことが始まりだと言われている。つまり、商品そのものに由来を付けて、同一カテゴリーのほかの商品と差別化を図るための手法なのである。

　例えば、「○○さんが作ったトマト」、「△△産のお米」などは、素材そのものに生産者など形のない価値を付加することで、ブランディングを目指した取り組みである。そして、この付加された価値に対して、消費者が「○○さんのトマトは甘い」、「△△産のお米はおいしい」という共通のイメージを持つようになることが、ブランドの確立につながる。

　つまり、ブランディングとは、商品やサービスについてユーザーに共通のイメージを認識させることと言える。顧客が感じる商品の価値が広く浸透し、市場でのポジショニングを確立することができれば、商品やサービスの価値を認識してもらい、さらに多くの消費者を獲得することにつながる。病院も同じである。ブランド病院と言われる病院には、その病院を象徴するようなキャッチフレーズやイメージがある。それを地域に広く浸透させるための活動が、ブランド戦略なのである。

2　患者が感じる共通のイメージ

　ブランド戦略の基本は、より多くの人に自分たちのブランドやサービスの価値を知ってもらうことである。では病院の場合、その価値とはどのようなものだろうか。自分たちの病院はどのような病院なのか。どんな診療科があり、地域に対してどのような役割を果たし、他院との明確な違いはどこにあるのか。このような特徴こそが、多くの人に知ってもらいたい価値ではないだろうか。「小児科が充実している」、「看護師さんが優しい」など、いわゆる「評判」と言われるものも、その1つだろう。そして、その「評判」が個人的感想で

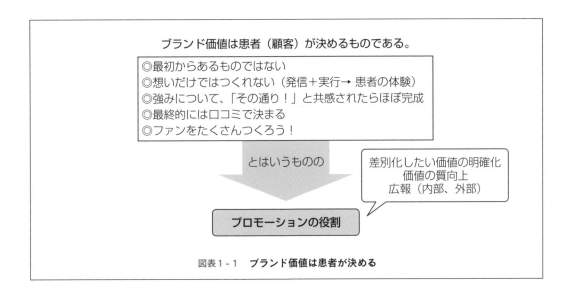

図表1-1　ブランド価値は患者が決める

はなく、多くの利用者や地域住民からも認められることで、患者が感じる共通のイメージ
となる。つまりブランド価値とは、患者（顧客）が決めるものなのである（図表1-1）。

3　どう思われたいか、どうなりたいか

　ブランド価値を決めるのは顧客（患者や利用者、家族、地域住民など）であるとは言って
も、それが自然発生的に生まれるわけではない。その背景には、病院側の「こう思われたい」、
「ここを評価してほしい」という想いがあるはずだ。その明確なメッセージがあって初めて、
顧客から認められる価値になるのである。

　「私たちの病院は、地域密着、地域の方々に喜ばれることを第一としている」という想い
があるのなら、それをメッセージとして伝えていく必要がある。まずはこのメッセージが
明確であること、自分たちのアピールポイントをきちんと言語化していることが重要だ。
「こう思われたい」というブランドイメージを持ち、それを伝えることが、プロモーション、
つまり広報活動になるのである。

　漠然と「ブランド病院になりたい。ブランディングを確立したい」と思っているだけでは、
何も動かない。病院のミッション・ビジョンが明確に言語化され、その実現手段として、
あるべき姿やなりたい姿をしっかりとイメージしておくことが重要だ（図表1-2）。そし
て、ブランディングのためには、自分たちが描いているイメージ通りの病院の姿になって
いることが大前提である。実績を伴わない状態では、ブランディングを進めることはでき
ない。例えば、「地域の方々のための最後の砦」という姿を描きながら、救急患者の受け入
れを断っていたり、近隣のクリニックからの紹介を受けていない、という状況だとすると、
理想からかけ離れた期待外れな病院として、むしろマイナスイメージを増幅させてしまう。

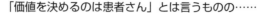

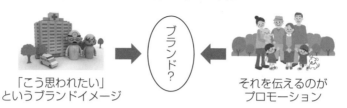

「価値を決めるのは患者さん」とは言うものの……

「こう思われたい」
というブランドイメージ

ブランド？

それを伝えるのが
プロモーション

自分たちが思い描いている通りの病院の姿になっていることが大前提
実績を伴わない状態では、ブランディングを進めることはできない

「期待外れ……」は、逆にマイナスイメージを増幅させてしまう

図表1-2　ブランディングの実践

ブランド戦略の第一歩は、病院としてのブランドイメージをしっかり確立しておくことと、そのイメージを実現するために職員全員に浸透させ、実現に向けて一丸となって取り組むことである。「思われたい姿」になっていなければ、顧客からのコミット、価値の承認を得ることはできない。

4　NPSとロイヤルカスタマー

　では、顧客からの価値の承認が得られているかどうかは、どのようにして知ることができるのだろうか。もちろん地元での評判や口コミサイトの書き込みなどで知ることができるし、患者満足度調査などで確認することも可能だ。実際に患者が増えたり、近隣のクリニックからの紹介が増えたりすれば、日々の業務を通じて、地域からの評価が高まっていることを実感できるだろう。

　ここで1つ、顧客が価値を感じているかどうかを測る指標を紹介しよう。近年、さまざまな業界で導入が進んでいる業務改善指標の「NPS（Net Promoter Score）」というものがある（図表1-3）。これは、0点から10点までの11段階で、友人・知人にその商品・サービスを勧める可能性を問う手法である。皆さんも「この商品を友人に勧めたいですか？」というアンケート調査を受けたことがあるかもしれない。この評価指標の特徴は、スコアの見方にある。11段階の評価のなかで、0点から6点までの7段階については「批判者」と捉え、7点、8点を「中立者」、そして最高値である9点と10点を選択した人だけを「推奨者」とするのである。

　なかなかハードルの高い評価指標だが、実際の行動で考えると、「まあまあ満足」とか「友だちに勧めてもよいかな……」程度では、タイミング次第で本当に勧めるかどうかは微妙

図表1-3 NPS

NPS は顧客ロイヤルティを定量的に測る指標

0	1	2	3	4	5	6	7	8	9	10
批判者 (Detractor)							中立者 (Passive)		推奨者 (Promoter)	

まったく思わない　　　　　　　　どちらでもない　　　　　　　　非常にそう思う

　10〜9：推奨者（Promoter）ロイヤルティが高い熱心な顧客。他者へサービスを勧める「推奨」の役割も担う顧客。

　8〜7：中立者（Passive）満足はしているが、それほど熱狂的ではなく、競合他社になびきやすい顧客。

　6〜0：批判者（Detractor）明確な不満客から無関心層まで幅広く、放置しておくと悪評を広める恐れがある顧客。

$$\boxed{\text{NPS}} = \boxed{\text{推奨者の割合}} - \boxed{\text{批判者の割合}}$$

※ NPS は、−100〜100 で表現される

である。一方で、最高値の評価を付けた人は「誰かに勧めたい！」という気持ちが高まっており、率先してサービスを宣伝してくれるロイヤルカスタマーになる可能性が高いのである。まずは、顧客自らが積極的に自分の認めた価値を周囲に広めてくれるロイヤルカスタマーを多く持つことが、ブランド戦略の成功の要となる。

　患者満足度調査で「この病院を家族や友人に勧めますか？」という問いを設けている病院も多いと思うが、どのような回答を得られているだろうか。ロイヤルカスタマーとなる病院のファンを増やしていくためには、職員が自分たちの病院の目指す姿の実現に取り組んでいること、そして一人ひとりがそれを体現していくことが重要なのである。

　例えば、患者満足度調査で、NPSのスケールを用いて、「この病院を家族や友人に勧めますか？」という問いかけをし、図表1-4のような結果を得られたとしよう。この場合、3以下を選択した患者がいないので「紹介したい」と思っている人が多いようにも見えるが、NPSとしては推奨者10％、中立者30％、批判者60％という見方になる。したがって、推奨者割合から批判者割合を引くNPSは「10％−60％」で「−50」となる。

　AppleやAmazon、Googleといった世界的な企業もNPSを導入し、自社のホームページで公開しているが、NPSが「70」など、プラスの値になる企業はロイヤルカスタマーを獲得していると言える。ブランド戦略の評価指標として導入することをお勧めしたい。

図表1-4　NPS 「この病院を家族や友人に勧めますか？」

NPSスケール	0	1	2	3	4	5	6	7	8	9	10
回答数	0	0	0	0	10	10	40	20	10	5	5
	批判者 (Detractor)							中立者 (Passive)		推奨者 (Promoter)	

② 病院の存在価値、社会的役割

1 地域における病院の存在価値

　どんなに小さな病院、診療所であっても、暮らしのなかに医療提供の基盤があることは、地域の生活を支えることにつながっている。特に少子高齢社会を迎えた現在は、医療や介護、福祉のサービスは社会生活を支えるインフラの一部になりつつある。その地域に存在することに価値があるのである。

　厚生労働省が示した提言書「保健医療2035」のなかに、「健康の社会的決定要因（SDH）」という言葉がある。これは、生まれ育った国や地域・家庭などの環境により教育水準や所得などに格差が生まれ、その結果、その人の健康に直接的な影響が及ぶことを指している。つまり、生活圏のなかに医療提供体制があるということが、その地域の健康を支えるという価値につながっているということである。

　この社会的意義と役割を果たすためにも、病院は地域から消えてしまってはならない。地域の健康を支えているという役割をしっかりと意識することが、これからの病院に求められている。

2 提供したい価値、求められている価値

　地域住民や患者という外部顧客に対して、また病院で働く職員という内部顧客に対しても、それぞれが求めている価値を提供していくことがブランド戦略の1つである。外部顧客も内部顧客も想いを持った人であり、それぞれに対して、病院が提供したい価値を伝えていくプロモーション活動を行い、そのなかで自院が果たすべき役割を明確にしていくことは大切な活動となる。

3 患者が求める価値

　では、地域の健康を支える役割を果たす病院に対して、地域住民や患者が求めるのはどのような価値だろうか。当然、さまざまなニーズが考えられる。子育て世代からは、小児医療の充実が求められるだろう。働き盛り世代では、急性期医療や社会復帰のためのリハ

ビリテーションの充実。そして高齢世代からは、在宅生活を1日でも長く送ることができるような支える医療が求められる。すべてのニーズに応えることが理想ではあるものの、その地域にとってどんなニーズが最も高いのかを把握することは重要である。

　地域の人口構成、年代別の人口、1人世帯の割合などを人口統計から調査し、病院周辺のニーズをしっかりと把握しておこう。そうすることで、地域住民にとって必要な医療が見えてくるし、そこに地域住民が求める価値を見出すことができるはずである。その価値をいかにして提供するかを検討することは、病院としての方向性を定める1つの軸になる。そしてこの活動こそが、マーケティングにつながっていくのである。

4　職員にとっての価値

　病院にとってのステークホルダーは、患者だけではない。医療従事者をはじめとした職員もステークホルダーとなる。

　医療従事者にとって、働く価値はどこにあるのだろうか。当然、生活のための収入を得るという価値はあるが、それ以上に重要なのは、それぞれが持つ資格を活かせるか、という視点であろう。

　医療従事者に限らず、その職に就くために国家資格やライセンスが必要となる職業は、それを目指した人しか就くことができない。資格を得るために十分な教育を受け、試験に合格した人だけがライセンスを得て、自分が目指した仕事に就いているのである。多くの医療従事者は、その資格を活かして自分の能力を最大限に発揮し、患者に提供することにこそ価値を感じている。病院は、このような医療従事者の想いにも応えていく必要がある。

　また、自分たちの病院が目指している姿になるためには、実現の要となる職員に、同じ方向を向いてもらうよう努めることが重要である。そのために行わなければならないのが内部広報だ。職員を内部顧客と捉え、十分な情報発信と働きに応える事業計画、そして働きの成果をしっかりと公表していく活動も重要になる。

5　ブランディングの鏡

　ブランディングは、最終的には顧客がその価値を認めることで成立する。「こう思われたい」と考えるイメージ通りに顧客から思われるようにすることがブランディングの要だが、これは逆に捉えると「合わせ鏡」とも言える。

　例えば、「自分たちが思い描いているイメージとは異なる評判がある」、「近隣から苦言をいただくことが多い」というような状況であれば、それは外部から実際にそのように見えている、自分たちはその姿で鏡に映っている、ということなのである。

　一生懸命に伝えているつもりなのに、きちんと伝わっていないのはなぜか。伝え方の問

題なのか、あるいは伝えている内容と実態に乖離があり認識してもらえないのか。ブランディングの鏡をしっかりと見つめて、現状を把握していこう。認めたくない事実だとしても、鏡に映っている姿は、他者から見えている姿であると受け入れて、改善に向けた取り組みを進めていくことが必要である。この姿を見出していく活動が、マーケティングである。マーケティングにはさまざまな要素があるので、第2章で詳しく解説する。

問題 NPS（Net Promoter Score）アンケートの結果表から、NPS指数を計算せよ。

NPSスケール	0	1	2	3	4	5	6	7	8	9	10
回答数	0	0	0	5	5	20	20	20	10	10	10

〔選択肢〕

① 30

② 20

③ 0

④ − 30

⑤ − 40

解答　④

解説

推奨者　9～10：20人
中立者　8～7　：30人
批判者　6～10：50人

NPS＝推奨者割合－批判者割合
　　20－50＝－30

第2章
マーケティングとは

① コトラーの マーケティング概論

1　マーケティングの歴史

　マーケティングとは、企業などの組織が「顧客が真に求める商品やサービスをつくり、その情報を届け、顧客がその価値を効果的に得られるようにする」ための活動である。そして、顧客のニーズを解明し、顧客価値を生み出すための戦略、仕組み、プロセス全般を指す。つまり、マーケティングを行う際には「誰に」「どのような価値を」「どのようにして提供するか」を考えていくことになる（図表2-1）。

　「マーケティング界の第一人者」と呼ばれる経済学者のフィリップ・コトラーは、このマーケティングを理論として整理し、多数の著書を出版していることで有名だ。マーケティング・マネジメントという表現もコトラーが定義したものである。マーケティング・マネジメントとは、マーケティングの目標達成に向けた管理方法のこと。マーケティングを行う

マーケティング（英：marketing）とは

企業や非営利組織が行うあらゆる活動のうち、
「顧客が真に求める商品やサービスをつくり、その情報を届け、
顧客がその商品を効果的に得られるようにする活動」のすべてを表す概念である

必要な人に「必要なサービス」をいかに提供するか

マーケティングプロセス

1. 市場環境分析
2. 市場機会の発見
3. セグメンテーション
4. ターゲッティング
5. ポジショニング
6. マーケティングミックス

SWOT分析
3C*（3つの視点）
4P・4C

*3C
Customer：市場・顧客
Competitor：競合
Company：自社

図表2-1　**マーケティングとは？**

図表2-2 コトラーのマーケティング概論

上での予算や情報収集の仕組み、実行する組織づくりなど一連の活動を管理する手法として確立した。

このマーケティング・マネジメントにおける重要なフレームワークに「STP分析」がある。STPとは、「Segmentation（市場の見極め）」、「Targeting（ターゲットの明確化）」、「Positioning（競合との市場での位置関係）」の頭文字をつなげたものだ。効果的なマーケティング戦略を立てるには、まず、市場の見極め、ターゲットの明確化、競合との市場での位置関係を分析(STP分析)する必要がある、という概念だ。

コトラーは、消費者の視点でマーケティングのトレンドの変化を段階的に整理しているので、ここで少し説明しておこう(図表2-2)。

2 マーケティング1.0：製品中心の考え方

マーケティングの初期は、産業革命をきっかけに大量生産・大量消費が可能となった時代に、多くの人に商品を紹介することがマーケティングの目的とされた。商品を知ってもらうことが目的なので、「こんな商品をつくりました」、「こんなサービスがあります」といった企業側からのアピールが中心となった。

病院の事例で考えると、「駅前に病院があります」、「こんな診療科があります」ということを伝える活動が、マーケティング1.0のフェイズに相当する。

3 マーケティング2.0：消費者中心の考え方

商品の周知が行われ、同じような商品が現れて消費者が選択する、景気の動向で消費者の買い控えが起こるなど、消費者都合の影響を受ける市場になったことで、消費者にフォー

カスしたマーケティングが行われるようになった。「顧客」に焦点を当てる戦略的な手法が採用され、顧客参加型の製品開発なども実施されるようになった。その戦略は「STPマーケティング」と呼ばれ、他社製品との「差別化」を図る流れが生じた。

　病院の事例で考えると、「患者様の声」などを集め、外来エリアに待ち時間をゆったり過ごせるカフェを設置する、働く世代のために夜の診察や休日の健診サービスを始めるなど、患者に求められているサービスを展開する活動が、マーケティング2.0のフェイズに相当する。

4　マーケティング3.0：価値中心の考え方

　「差別化」を意識したマーケティングが主流になると、物や機能の充実だけでなく、消費者の「感情」に訴えかけるマーケティングへと移行していった。マーケティングにおいて市場の声に耳を傾けるのは当たり前となり、消費者と共に製品・サービスの価値創造を行うようになった。これが「共創(Co-Creation)」という概念である。

　また、地球温暖化や人種差別など、さまざまな社会課題が消費者に認知されるようになったことも、消費者の価値観の変化に大きく影響した。その社会課題を解決することに価値を感じる消費者の気持ちや感情に訴えるマーケティング手法が求められるようになったのである。

　病院の事例で考えると、リハビリテーションのゴール設定を患者と一緒に考える、ドナーカードの提示があれば臓器移植コーディネーターにつなぐ体制があるなど、患者が大切にしている「価値」に寄り添う姿勢を示すことが、マーケティング3.0の活動となる。

5　マーケティング4.0：自己実現の考え方

　マーケティング3.0で消費者が自らの価値観によって商品の選択をするのが当たり前になり、次のフェイズでは「その後の価値」までを考えるようになった。つまり、それまでの「買う、買わない」の判断だけでなく、商品を入手した後、個人で独自にカスタマイズし、その後の価値まで加味する傾向が出てきたのである。

　これは、心理学者であるA・マズローの「欲求5段階説」における自己実現理論を元にした概念である(図表2-3)。欲求5段階説は、人間は「生理的欲求」、「安全欲求」、「社会的欲求」、「承認欲求」の順に欲求を満たし、最終的には「自己実現欲求」を満たすことを求めているというものである。つまり、最後には「あるべき自分」になりたいと願う欲求を満たすことを目指しているというものである。身近な例としては、「この商品を使えば、こんなに痩せられますよ」とか「さわやかな目覚めを求めているのなら、枕を変えてみませんか」というようなコマーシャルが思い浮かぶのではないだろうか。

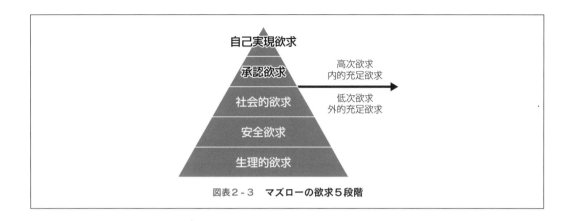

図表2-3　マズローの欲求5段階

　病院の事例で考えると、美容医療などで明確に「なりたい姿」をイメージさせる活動がわかりやすいが、通常医療や健診の場合は、「当院でがんの治療をすれば、その後、同じような治療をしている患者さん同士で語り合ったり、緩和ケアの専門看護師と気軽に話せるキャンサーサロンを利用できます」など、治療後をイメージさせる表現などが該当するだろう。

6 5A理論のポイント

　マーケティングにおいては、顧客が製品やサービスを購入するまでの流れを顧客視点で理解する「カスタマージャーニー」という思考方法が存在する。その従来のフレームワークは、「4A」として以下の流れが主流であった。

　・認知（Aware）：病院を知っている
　　　　　↓
　・態度（Attitude）：好き／嫌い
　　　　　↓
　・行動（Act）：受診するかどうか決める
　　　　　↓
　・再行動（Act again）：再度、通院するかどうか決める

　一方、コトラーは、マーケティング4.0でAをさらに1つ追加した「5A理論」を展開している。5A理論のポイントは、マーケティングの最終目標が、「推奨」に変更されたことである。

　・認知（Aware）：病院を知っている
　　　　　↓
　・訴求（Appeal）：よい印象を持っている
　　　　　↓

　　　・調査（Ask）：よいと確信している
　　　　　　　　↓
　　　・行動（Act）：受診するつもりだ
　　　　　　　　↓
　　　・推奨（Advocate）：他者に推奨するつもりだ

　この、マーケティングの最終目標である「推奨」は、第1章で解説したNPSにおける「推奨者」である（5ページ参照）。つまり、マーケティングの最終目標が個人の行動変容から、他者への「推奨」の役目を担うロイヤルカスタマーを創出することになったのである。

　来院患者向けの調査で「この病院を選んだ理由」を問うた際、「交通の便がよい」といった個人の満足度による来院から、「家族・友人・知人からのすすめ」による来院が多くなったとしよう。強力なロイヤルカスタマーが多くの人に病院を「推奨」しているケースも考えられるが、たいていは、推奨者、つまりロイヤルカスタマーが増えたと考えられる。平たく言えば「口コミ」効果とも言えるが、マーケティング4.0の最終目的である「顧客の認知から推奨」への変容が起こったと考えられるのである。

価値共創マーケティング

1 価値共創マーケティングとは

　ここでは、患者と共にサービスの価値創造を行うことを具体的に考えてみよう。

　医療における「共創（Co-Creation）」とは何かを考えるには、患者が求めている「価値」を知る必要がある。病院のホームページなどを見ると、「思いに寄り添う」という表現をよく見かける。まさに、この精神が価値共創の心構えと言えるだろう。

　それを実践するためには、治療方法だけでなく、治療のゴールのイメージを常に患者と共有し、治癒した後の生活について話し合うなどの取り組みが必要だ。診療や治療に当たる医療スタッフも、環境を整える事務スタッフも、常にそのような働きかけができるように病院として職員教育を行っていくことが、価値共創マーケティングの実現に向けた活動となる（図表2-4）。

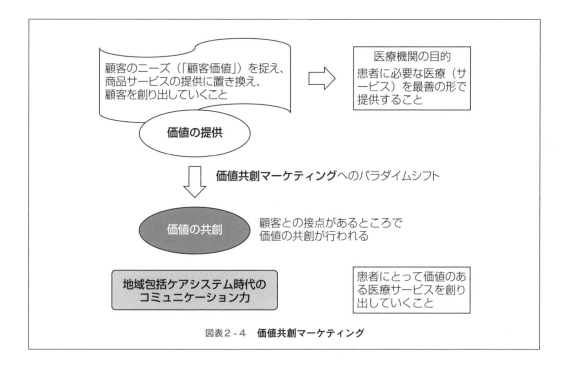

図表2-4　**価値共創マーケティング**

2 　求められている価値を共に創る

　価値を共に創るとは、具体的にどのようなことだろうか。例えば、高齢で2人暮らしの夫婦の一方が、入院治療を受けることになった場合を考えよう。医療者にとってはクリティカルパスなどによる標準的な治療計画に則ることが、医療の質の担保という価値になる。一方で、この夫婦が1日も早く「一緒に生活すること」を望んでいる場合、病院として提供すべき価値は、「夫婦が共に過ごせる環境を医療で守ること」である。このように患者との価値共創においては、患者と家族が求めている過ごし方に寄り添い、実現に向けたサポートを行うことが重要となる。

　このようなケースで入院が必要になった場合は、可能な限り早く退院できるように治療、食事、リハビリテーションなどの計画を立て、早期退院に向けた在宅医療や介護連携を進める。退院後は速やかに病院の医師から在宅の主治医に診療を引き継ぎ、訪問看護や介護サービスを活用しながら自宅で療養生活ができる環境をつくっていく。訪問リハビリテーションなども利用し、自宅での生活を維持できるように体制を整える。

　価値共創を大切にしていることを対外的にしっかりアピールしていくことは、病院の価値を高めることにつながるだろう。この事例のように、患者と家族の希望に添った対応をし、喜ばれたケースをエピソードとして広報誌やSNSで発信することや、それに合わせて治療に関する希望の伝え方、相談の仕方なども案内し、病院としての「寄り添い方」を具体的に伝えていくことが大切である。

❸ マーケティングフェイズの変化と医療を取り巻く環境

1 健康寿命延伸プランと医療機関の役割

　社会保障制度改革は、少子高齢社会のなかで、死亡者数がピークを迎えると予想されている2040年を見据えている。これまでマイルストーンとされてきた2025年は、日本の経済を支えてきた団塊の世代が後期高齢者になる年である。その10年後の社会保障制度のあるべき姿を示したのが、提言書「保健医療2035」だ。「保健医療2035」が2015年に公表されて以来、2016年以降の診療報酬改定などは、この大きな流れに沿って進められてきた。さらに、2019年4月に厚生労働省から提示された資料「2040年を展望し、誰もがより長く元気に活躍できる社会の実現」では、高齢者の人口の伸びが落ち着き、現役世代が急激に減少する転換点となる2040年前後に起こると想定されている社会課題への解決策が示されている。

　人口減少社会に向けた「総就業者数の増加」は最大のテーマであり、「より少ない人手でも回る医療・福祉の現場を実現」するという労働生産性向上が解決策として掲げられている。具体的なアクションとして、①多様な就労・社会参加の環境整備、②健康寿命の延伸、③医療・福祉サービスの改革による生産性の向上、④給付と負担の見直し等による社会保障の持続可能性の確保、の4項目が挙げられている。「②健康寿命の延伸」は、医療介護従事者が率先して役割を果たすべき施策である。その中身を少し詳しく見ていくと、次世代を含めたすべての人の健やかな生活習慣形成等、生活に密着した取り組みが第一番目に掲げられている。その中心は食（栄養）と運動で、具体的施策のなかに「ナッジ等を活用した自然に健康になれる環境づくり」という項目がある。この「ナッジ」とは、「相手が自発的により良い方を選択するように導く」働きかけを行うコミュニケーションスタイルのことだ。健康寿命延伸を進めるなかで、一人ひとりが自分のために「より良い」と思う方を選択する行動を取り、それがゆくゆくは健康を維持することにつながる、という行動変容に導くアプローチを行おうとしているのである。そのアプローチは、前述したマーケティング4.0の自己実現にもつながっている。

2　地域包括ケアシステムのなかでのアウトリーチ

「ナッジ等を活用した自然に健康になれる環境づくり」の推進の要は、「健康」のイメージを持つことと、本人が意識していなくても「健康」を維持できるような「環境」をつくりだすことである。

自己実現のマーケティングを地域で展開している例として、公益社団法人日本栄養士会が積極的に進めている「栄養ケア・ステーション」を紹介しよう。これは、管理栄養士が病院や施設に属するだけでなく、独立して拠点を持ち、医療・介護施設や行政の活動、地域住民などと連携し、幅広く栄養管理を行うものだ。2021年4月現在、全国に356拠点があり、約5,000人の管理栄養士・栄養士が活躍している。これによって、入院患者や入所者の栄養管理だけではなく、通所リハビリテーションやデイサービスなど通いの場での栄養管理や、在宅での食事のアドバイスなど、あらゆる場面で専門職による栄養管理を受けることができる仕組みが整いつつある。

ナッジは、「こちらの方が良いかも」という経験や、外から得た情報を元に働くものである。生きるための食事から、健康に過ごすための食事への意識改革こそが、健やかな生活習慣形成の第一歩となる。そのためにも、栄養管理を受けた経験のある人を増やし、「自分にとって良い方」を選べる環境を整えていく必要がある。管理栄養士の地域でのアウトリーチ活動も、社会のニーズを意識することで、自信を持って進められるだろう。

4 病院の経営戦略とマーケティング ① セグメンテーションとターゲッティング

1 病院にとってのセグメンテーションとターゲッティング

　マーケティングの複数の手段を組み合わせて戦略を立案する手法を「マーケティングミックス」と言う（**図表2-5**）。その1つは「4P分析」で、「Product（製品）」、「Price（価格）」、「Promotion（プロモーション）」、「Place（流通）」の枠組みでマーケティング・コンセプトを策定する。もう1つは「4C分析」で、「Customer value（顧客価値）」、「Customer cost（価格）」、「Convenience（利便性）」、「Communication（コミュニケーション）」の枠組みでマーケティング・コンセプトを策定する。

　この2つを組み合わせてマーケティングミックスを展開していくわけだが、ここに出てくる枠組みは、企業や他事業体を主体とした表現になっているため、医療分野には馴染まないように感じるかもしれない。そこで、それぞれ医療現場の言葉に置き換えてみよう。「Product（製品）」は病院が提供する医療そのもので、そこに顧客は価値を求めてくるので

マーケティングミックス

4P
Product（製品）：製品、サービス、品質、デザイン、ブランド等
Price（価格）：価格、割引、支払条件、信用取引等
Place（流通）：チャネル、輸送、流通範囲、立地、品揃え、在庫等
Promotion（プロモーション）：広告宣伝、ダイレクトマーケティング等

4C
Customer value（顧客価値）
Customer cost（価格）
Convenience（利便性）
Communication（コミュニケーション）

医療の場合

Product	治療	Customer value
Price	診療報酬	Customer cost
Place	患者さんの流れ	Convenience
Promotion	広報、地域連携	Communication

図表2-5　**マーケティングミックスとは？**

「Customer value（顧客価値）」となる。「Price（価格）」は、病院側から見れば診療報酬、顧客側から見れば支払額、つまり「Customer cost（価格）」となる。「Promotion（プロモーション）」は広報活動や地域連携など外部との接点を持つことなので、顧客側から見ると「Communication（コミュニケーション）」手段の１つとなる。そして「Place（流通）」で何が動くかというと、患者が動くと考える。流通というと物が移動するイメージが強いが、病院にとっては、顧客である患者が一番近い病院に行く、または最も適した治療を受けられる病院に行く、といった動きが流通のルートであり、患者にとっての「Convenience（利便性）」となるのだ。

　このように考えると、病院も4P・4Cを意識しながら、STP分析（市場環境分析、市場機会の発見、セグメンテーション、ターゲッティング、ポジショニングの分析）を行い、経営戦略を立てていくことができる。

　病院による市場環境分析は、医事課や地域連携課によって、近隣の医療機関の状況や人口構成などを常に把握していることだろう。特に人口構成は将来の病院のあるべき姿を描くために重要な情報となる。

　セグメンテーションとは、どのセグメント（階層）を選ぶかということであり、急性期医療なのか回復期医療なのか、という病院の役割を明確にすることである。

　ターゲッティングとは、そのなかで中心となる顧客を定めること、どのようなニーズを持っている顧客（患者等）をメインターゲットにするかを定めることである。これは、内科中心の診療をする、日帰り手術を積極的に行う、脳と心臓の治療に特化する——などの経営方針を定めることにつながる。

2　事例：在宅医療への移行を決めた急性期病院のSTP分析

　では、病院経営戦略のSTP分析について、具体的に見ていこう。用いるのは、地域の総合病院として長らく急性期医療を提供してきた病院が、在宅医療への機能転換を決めた事例である（図表2-6）。

　マーケティングのプロセスに沿って、まずは現在、そしてこれからの病院が想定している診療圏内の市場環境を調査した。これにより、この20年間で地域の人口構成が大きく変わったこと、さらには単身高齢者が増えており、子育て世代が増えることは今後もあまり期待できない状況であることが読み取れる。

　このような人口構成や暮らし方の変化から、市場ニーズは以前とは大きく変わってきている。病院としては当然、この変化を認識していると思うが、それを明確に示すことが重要なのである。その上で、新たなニーズに対するSTPを設定していく。

　セグメンテーション（S）としては、急性期から慢性期、療養医療、在宅医療へのシフトが考えられる。特に単身高齢者が多くなっていることから、地域の診療所とも連携した在

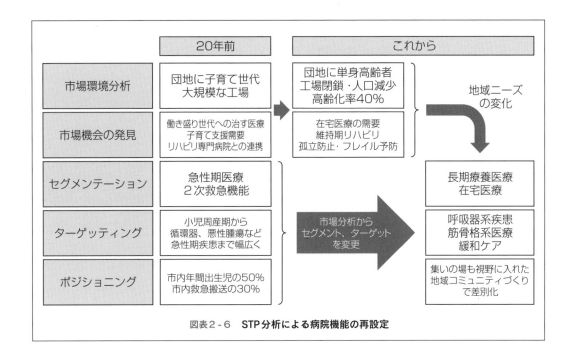

図表2-6　STP分析による病院機能の再設定

宅患者の見守りも必要になってくるだろう。そのなかで病院としてターゲッティング(T)する疾患は、肺炎や足腰の痛みなど高齢者に多い疾患とした。そして、病院を地域住民の集いの場として活用することで、病気になった時に行く場所から、普段から行く場所へとシフトさせていくポジショニング(P)を検討している。

　このように、STP分析を行って新たな顧客層を明確にし、病院の経営戦略に活用することができる。

5 病院の経営戦略とマーケティング ② マーケティング活動とポジショニング

1 ターゲットマーケティング

　セグメンテーションとターゲッティングの次に行うのは、新たに定めたセグメントとターゲットを対象としたマーケティング活動である。これは、ターゲットマーケティングという言葉で表現される。

　マーケティングは単なる販売促進やプロモーション活動だけではない。コトラーは、マーケティングを「需要をコントロールするための社会的・経済的プロセス」と捉えて説明している。具体的には、自分たちのサービスを提供する市場をセグメンテーションして適切なターゲットを選択し、そのターゲットの興味、関心や行動を深く調査して理解した上で、ニーズに合ったサービスを提供する方針を決定する、としている。

　前節の急性期病院の事例（22ページ参照）で考えると、セグメントを長期的な療養が必要な方や在宅療養をしている方にシフトするのであれば、その方々のニーズを理解する活動を行う必要がある。病院としては、そのセグメントのなかでも特に高齢者をメインターゲットとしており、在宅看取りにも焦点を当てている。そのターゲット層の方々は、病院にどのようなサービスを期待しているのか、これまでのサービスに不満はなかったかなど、具体的な意見を集めていくことが、いわゆるターゲットマーケティングである。

　病院がマーケティングを行う際、地域全体や来院患者全体へのアンケートやヒアリングを行いがちだが、ある程度対象者を絞ったアンケートを実施したり、回収したアンケートのなかからターゲット層の回答を抽出するなどするとよいだろう。

2 地域でのポジショニング

　マーケティングにおけるポジショニングとは、ターゲットに設定している顧客層に対しての自分たちの立ち位置を明確にし、強みを活かせる市場を確立することを指す。簡単に表現すると、シェアをどれだけ取れているか、シェアを伸ばしていくために何をすべきかを決めていくことである。自院のリソースにまだ活用の余地があるか、ほかの病院や施設との差別化ができるか、自院の独自性を表現できるか、さらにはイノベーティブな活動に発展させることができるか、などを考えていく。

　前節の事例の急性期病院は、20年前は地域の出生児の50％を引き受けていたことから、当時は地域での「お産の病院」というポジショニングを確立していたことが想定できる。今後、高齢者の長期療養を主なターゲットとするのであれば、これまでのイメージを変えていく必要もある。ブランディングに発展する考え方が必要だが、まずは地域のターゲットとしている方々に、どうすれば病院を利用してもらえるかを考えていくことになるだろう。

　子育て・働き盛り世代と高齢者層では、求める機能に違いがある（図表2-7）。子育て・働き盛り世代であれば、急性期医療や機能回復のリハビリテーション、社会への復帰を目指す医療が必要である。一方、高齢者層では、急性期医療ももちろん必要ではあるが、長期療養的医療でのフォローが中心となり、リハビリテーションも生活に必要な機能の維持がゴールとなる。病院の設備についても、子育て世代では、授乳室や託児室があると利用しやすい。高齢者層では、手すりやスロープ、杖を引っ掛けるフックなどがあると動きやすく、送迎車があると来院しやすくなる。売店に置かれる商品も、子育て・働き盛り世代と高齢者層では求めるものに違いが出てくる。多くの病院は、ある程度多世代層に対応した設備やサービスを有しているが、ターゲット層に特化した取り組みを行い、明確なメッセージを打ち出していくことで特色を出すこともできる。「強み」となる特色を作り出していくことが、ポジショニングの基本となるのである。

図表2-7　**子育て・働き盛り世代と高齢者層のニーズの違い**

子育て・働き盛り世代	ニーズ	高齢者層
急性期医療、小児周産期医療	医療機能	長期療養医療、在宅医療
学校、会社　など	連携先	介護保険施設、在宅医療　など
託児室、授乳室、ベビーカー持ち込み　など	設備・来院のしやすさ	送迎車、手すり、杖や手押し車持ち込み　など
オモチャ、離乳食、充電器　など	売店に置いてほしいもの	介護用品、ルーペ、補聴器　など

病院の経営戦略とマーケティング ③
価値の共創

1 経営戦略、広報戦略の検討

　STP分析を行ったら、次はマーケティングミックス（4P・4C）に落とし込み、経営戦略、広報戦略をマーケティングの視点で具体的に考えていく（図表2-8）。

　ここでは、4Pは提供側の視点、4Cは顧客側の視点として整理する。事例として「集いの場も視野に入れた地域コミュニティづくり」について取り上げる（図表2-9）。

　「Product（製品）」としては、病院としてこのコミュニティに提供できるサービスを考えていく。健康に関するサービスだけでなく、音楽や語りの場、異文化コミュニケーションやアクティビティに関するものも提供できるだろう。

　その「Product」について、顧客（地域住民）はどのような「Customer value（顧客価値）」を期待するだろうか。ここでは、アンケートやヒアリングで得た情報などを基に検討していく。その上で、顧客が求める価値に対してどのような質を担保していく必要があるかを考える。

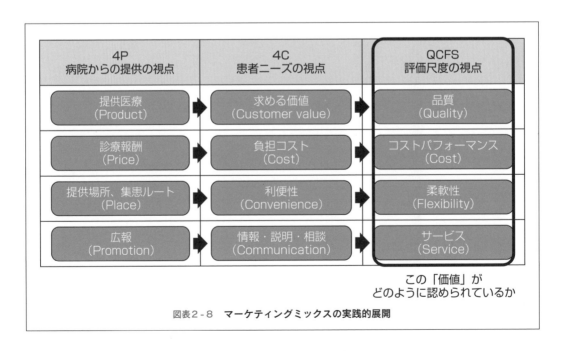

図表2-8　マーケティングミックスの実践的展開

図表2-9　「集いの場も視野に入れた地域コミュニティづくり」のマーケティングミックス

4 P 病院からの提供の視点	4 C 患者ニーズの視点	QCFS 評価尺度の視点
Product ・健康観察 ・情報提供　……	Customer value ・かかりつ病院 ・健康維持　……	Quality ・医療専門職の関わりによる安心感 ・健康寿命延伸　……
Price ・参加費 ・協賛金　……	Cost ・参加費 ・安価　……	Cost ・採算性　……
Place ・病院のホール ・地域の交流スペース　……	Convenience ・徒歩圏 ・送迎バス ・いつでも参加できる　……	Flexibility ・申し込みのしやすさ ・参加のしやすさ ・拠点数　……
Promotion ・広報誌 ・ホームページ ・回覧板　……	Communication ・イベントカレンダー ・リマインド　……	Service ・会員制 ・参加者特典 ・初回サービス ・ボランティアポイント　……

　マーケティングミックスの評価としては、「QCFS」という視点で考えていく。QCFSは、「Quality（品質）」、「Cost（コスト）」、「Flexibility（柔軟性）」、「Service（サービス）」の頭文字で、4P・4Cに対応した評価の視点になっている。「Place（場所）」については、顧客は「Convenience（利便性）」を求めるが、そこにはケースバイケースで対応する「Flexibility（柔軟性）」を担保することを考えていく。

2　顧客視点での価値の共創

　このようにして、4Pに対して顧客側の視点で求められる価値を想定し、達成すべき質を明確にすることで、戦略の骨格を定めることができる。そのなかで、プロモーションのチャネルをどのように設定していくかも考える。顧客層によって適しているプロモーション方法は変わることから、受け入れられやすく確実に届く手法・手段などを検討していくことで、求められるサービスも見えてくるだろう。
　顧客にとっての価値をいかに創出していくか、その質をどのように定めていくかが、マーケティングミックスの活動と言える。
　マーケティングとは、単なる市場調査やシェアの分析に留まらない。求められているサービスを創出し、「顧客がその価値を効果的に得られるようにする」ための活動だということをしっかり理解し、活用していきたい。

問題 1 マーケティング・マネジメントにおける重要なフレームワークについて、正しいのはどれか。

〔選択肢〕

①STP分析

②相関分析

③ABC分析

④3C分析

⑤重回帰分析

確認問題

解答 1

①

解説 1

①STP分析：マーケティング・マネジメントにおける重要なフレームワーク。

②相関分析：複数の変数間の関係を調べる統計学上のデータ解析手法。

③ABC分析：パレート図などを用いて重要度を分析する手法。「重点分析」とも呼ばれる。

④3C分析：「Customer」、「Company」、「Competitor」を軸に、自社を取り巻く環境分析手法。

⑤重回帰分析：複数の変数間の関係を調べる統計学上のデータ解析手法。

問題 2　マーケティングミックスに関するフレームワーク 「4P」に含まれない視点はどれか。

〔選択肢〕

①製品（Product）

②流通（Place）

③パフォーマンス（Performance）

④価格（Price）

⑤プロモーション（Promotion）

確認問題

解答 解説

解答 2　③

解説 2

①製品（Product）：含まれる

②流通（Place）：含まれる

③パフォーマンス（Performance）：含まれない

④価格（Price）：含まれる

⑤プロモーション（Promotion）：含まれる

第3章

「情報発信」と「情報循環」の手法

① 広報は病院の戦略を伝えるコミュニケーションツール

1 コミュニケーションの整理

「顧客がその価値を効果的に得られるようにする」ための活動の1つが広報活動である。広報は病院戦略を顧客に伝えるためのコミュニケーションツールなので、ここでは、情報を伝えるコミュニケーションについて整理する。

まずは大きく、一方向のコミュニケーションと双方向のコミュニケーションに分類される。それぞれに、オフラインとオンラインがある。一方向のコミュニケーションは、提供側(病院)から顧客側(患者)に対して情報を発信するというコミュニケーションであり、双方向のコミュニケーションは、提供側、顧客側が互いに情報のやり取りをするコミュニケーションである。

2 一方向のコミュニケーション:プッシュ型とプル型

さらに一方向のコミュニケーションは、その手法により、プッシュ型とプル型に分けられる。プッシュ型、プル型はマーケティング用語で顧客アプローチのバリエーションを表すが、ここでは顧客とのコミュニケーションの型として使用する。

プッシュ型とは、提供側から顧客側への直接的なアプローチである。代表的な手法としては、オフラインでは手紙やDMなどがあり、オンラインでは電子メールDMやメールマガジンなどがある。

プル型とは、提供側が情報を「場」に発信し、顧客が自らの意思でアクセスして情報を得るスタイルである。オフラインではチラシやパンフレットなどの紙媒体や自治体や商店会などの掲示板などがある。オンラインではホームページやブログ、SNS、YouTube、不特定多数の人が参加できるWebセミナーなどが該当する。プル型の課題は、情報にアクセスし見てもらうためのきっかけづくりだ。アクセスするかどうかは顧客の意思に委ねているので、関心を引くような広報戦略が必要となる。

オンラインでの情報発信は、紙媒体などのオフラインに比べて情報の修正や追加が手軽にでき、公開と拡散もしやすいことから、急速に普及している。また、公開した情報をいつでも参照できる状態(アーカイブ)にしておくことで、継続的な情報発信ができるのも特徴だ。

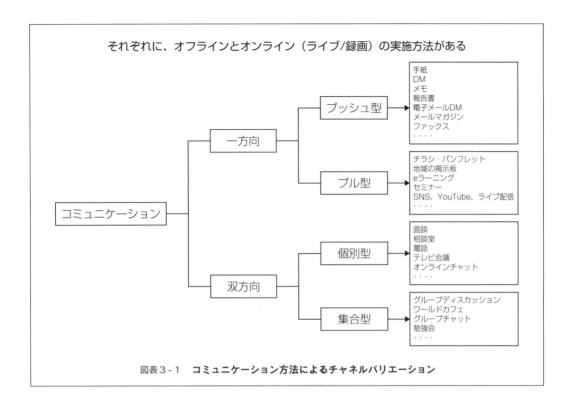

図表3-1　コミュニケーション方法によるチャネルバリエーション

3　双方向のコミュニケーション：個別型と集合型

　次に、双方向のコミュニケーションについて整理する。双方向コミュニケーションは、大きく個別型と集合型に分けられる。

　個別型には対面での面談や電話などがあり、会話をしながら情報を共有して意見や感想を引き出したり、理解を深めたりするための補足説明など、臨機応変な対応を行うことができる。最近ではZoomやMessengerなどを使ったオンラインでの双方向コミュニケーションも普及してきた。

　集合型にはグループディスカッションやワールドカフェがあるが、これもオンラインでの開催が進んでいる。音声のみのもの、文字でのコミュニケーションを複数名で共有するチャット、画像付きのWeb会議などがあり、リアル会場参加とオンライン参加を併用（ハイブリッド）するハイフレックス型の勉強会なども実現できるようになってきている。

　どのコミュニケーションの場合でも、オンラインというバリエーションができたことで、距離と時間を意識することなく、情報を発信できるようになった。一方で、情報発信のチャネルが増えたことで、伝えたいターゲット層に合わせて、最適なコミュニケーションスタイルを選択する必要も出てきている。個々に丁寧な説明や理解を得る方が効果的なケース、より多くの人々に拡散し話題になることを目指したいケースなど、目的とターゲット層を明確にして、効果的な情報発信をしていこう。

② ソーシャルメディアの活用

1　SNSを活用して選ばれる病院になる

　これまで、病院からの情報発信は、一方向のコミュニケーションがほとんどだったのではないだろうか。ホームページの情報は、外来の受付時間や担当医師の紹介、連休中の診療体制など、病院を利用する患者へのお知らせが中心である。これはいわば「必要がなければアクセスしてもらえない状態」と言える。

　しかし、地域包括ケアシステムのなかで病院に求められる役割は、治療が必要になった時の対応だけではない。社会との関わりのなかで「健康」を支える役割として、社会的処方を行っていくことが求められている。さらに、患者の意識が変わり、病院を「選ぶ」という行動が取られるようになってきており、「選ばれる」工夫が必要である。つまり、病院にもブランディングを明確にしていくことが求められているのである。

　そのための情報をしっかりと発信するためには、ソーシャルメディアの活用が有効だ。ソーシャルメディアは、誰もが自由に参加でき、双方向のコミュニケーションを図れることが最大の特徴である。個人や組織などの情報発信が、Webサイトを経由してさまざまなつながりを持ち、そのつながり（ネットワーク）が拡散し、意味を持つコミュニティとなって実社会にも広がっていく。

　影響力のあるSNSとしては、YouTubeやTwitter、Facebookなどがある。個人の情報発信をきっかけにつながりが生まれるSNSが、コミュニティを形成するソーシャルメディアとして浸透してきており、病院もこれを活用していく時代になってきているのだ。

2　表現型ソーシャルメディア活用のポイント

　これまで、地域の口コミで「評判のよい病院」として知られていた病院が、1人の患者による「すごくよかった。ありがとう」というソーシャルメディアへの発信によって、その評判が全国に広がることもある。このような口コミ的発信を「表現型ソーシャルメディア」と言う。Web上での誹謗中傷が拡散することでマイナスのイメージが付くことを恐れて、これまで公式のSNSでの発信を控えてきた病院も多いだろう。しかし、病院を利用した人が個人の感想や経験を発信することで、将来の利用者にも影響を与える環境ができてい

るという現状を受け入れ、メディア戦略を検討していく必要がある。

　病院として、表現型ソーシャルメディアを有効に活用するためのポイントは、自分たちからの発信を増やしていくことだ。公式のSNSなどで頻繁に病院からの情報発信を行い、「今日の病院の様子」を広くアピールし、それを見た人が情報をシェアしたり、コメントを書き込んだりできるようにしておくのも1つの方法だ。また、YouTubeチャンネルなどを活用し、健康講座や在宅でできる簡単な運動などの動画を配信してもよい。時にはライブ配信を行い、視聴者から直接質問を受け付けるなど、オンラインであってもリアルタイムの双方向コミュニケーションができるイベントを企画するのも面白いだろう。

　誰でも気軽に情報を発信できる時代、病院でも上手にソーシャルメディアを取り入れ、自院のアピールや情報発信を積極的に行っていこう。

3 オフラインコミュニケーションの活用

1 広報誌などによるコミュニケーション

　オンライン型のコミュニケーションが増えているものの、オフライン型のコミュニケーションもその特性に応じて活用していくとよい。オフライン型の代表としては、広報誌が挙げられる。広報誌には、病院からの連絡事項だけでなく、病院の特長（魅力）の紹介や、スタッフの想い、健康に関心を持ってもらうための企画記事などを掲載するケースが増えている。診察の待ち時間に手に取ってもらうのが通常の配布方法かもしれないが、近隣の店舗や公共施設、商店街などに置いてもらうなど、来院しなくても地域住民に届く工夫をすることも可能である。

　また、病院主体で発行する広報誌だけではなく、地域のタウン誌などの活用も効果的だ。健康増進のコラムや免疫力アップのレシピを連載する、おすすめの健診メニューを紹介するといった医療に関わる記事の掲載はもちろん、医師・看護師らを紹介して病院に親しみを持ってもらったり、病院の最新医療機器や研修の様子などを公開して安心感を高めてもらう情報発信もよいだろう。

　病院が発行する広報誌にも、病院の情報だけでなく地域の情報を取り入れ、「地域の広報誌」としてつくることも、これからの病院広報誌のあり方である。紙媒体は誰でも気軽に読めるし、手元に置いておき気が向いた時に読み返すこともできる。病院の電話番号やホームページのURLなどは必ず記載しておこう。

2 オフラインコミュニケーションの利点

　プル型のオフラインコミュニケーションとしては、コミュニティスペースなどに病院職員が出向いて、体力測定会や健康相談会などで地域住民と直接ふれあうイベントが挙げられる。このような取り組みをすることで、地域住民が健康なうちから関係づくりをするきっかけにもなるし、フレイルやプレフレイルなど、健康に不安のある人を早期に発見することにもつながる。健康フェアのような取り組みは、ほかの事業体と共同で開催することも有効だ。医療従事者が参加することで参加者に安心感を与え、地域コミュニティの活性化にもつながるだろう。

図表3-2　オンライン、オフラインの利点と注意点

情報発信スタイル	利点	注意点
オンライン	・情報の更新が容易 ・不特定多数への拡散が可能	・一過性の情報になりやすい ・視覚、聴覚ですべてを補う
オフライン	・手元に保管できる ・五感への働きかけが可能	・最新版がわかりにくい ・拡散範囲は限定的

　オフラインのコミュニケーションは、ソーシャルメディアを活用したコミュニケーションのような拡散効果は少ないが、ノンバーバルコミュニケーションを取ることができるのが特徴である。ノンバーバルコミュニケーションとは、言語以外で行うコミュニケーションで、会話をしながら相手の動作から感じ取る情報である。声の高低や強弱などの聴覚的要素、表情や目の動きなどの視覚的要素、身振り・手振りや姿勢などの身体感覚的要素の3種類に分類できる。オフラインのコミュニケーションならば、ノンバーバルコミュニケーションによって、相手の感情や関心、気持ちなどを感じ取ることができる。また、言葉だけでは表現しにくい感情を相手に汲み取ってもらえるので、安心感を得られやすく、信頼関係を構築しやすい。
　オンラインコミュニケーション、オフラインコミュニケーション、それぞれの利点を理解して、効果的に組み合わせて展開するのがよいだろう（**図表3-2**）。

情報循環のための
双方向コミュニケーション

1 顧客からの評価を次に活かす情報循環

　前述したように、オンラインであってもオフラインであっても、双方向でコミュニケーションを取ることが、信頼関係の構築につながる。ここで大切なのは、コミュニケーションを取るだけで終わらないようにすることである。情報を循環させ、さらに前に進めていく取り組みを行うことが重要だ。

　情報を循環させるとは、PDCAサイクルを回す取り組みのことである。例えば、待ち時間に対する「不満」が寄せられ、病院として全診療科の待ち時間調査を行う。そして、待ち時間の集計結果を外来掲示板などで患者にフィードバックするとともに、待ち時間を削減する取り組みや、待ち時間の負担軽減策を実施する。その効果を図るために定期的に調査を行い、負担軽減策に対する患者の意見や感想を集め、さらなる改善につなげる。このように、常に情報の収集と公表を行い、情報を原動力としてPDCAサイクルを回していくのである。

　双方向コミュニケーションでは、顧客（患者）からの意見や取り組みへのフィードバックを得ることができる。それは必ずしもプラスの評価だけではないが、そのフィードバックを次の取り組みに活かし、活かした結果をさらに発信していくという情報循環が大切である。

　たとえ小さな改善であったとしても、「自分たちの意見を取り入れて改善してくれた」、「要望した内容のセミナーが開催された」などの事例があると、顧客には「参加している」という意識が芽生えてくる。そして、病院の取り組みへの理解が深まり、その成果をSNSで発信することなどを通して「病院のファン」になってくれるかもしれない。

2 病院が地域のコミュニティの場になる未来

　少子高齢化、地域包括ケアの時代になると、病院の地域での役割も変わってくる。現在は病気を治療する場、機能を回復する場としての役割がメインであるが、将来は病気の予防や健康の維持、生活機能の維持という役割も担うようになってくるであろう。

　ある病院では、病院広報担当者が地域のカルチャースクールに声をかけ、外来の廊下で

近隣住民の絵画や書道の作品展を開いたところ、来院する患者の癒しとなり、展示した方々の気持ちも満たされたという事例があった。また、病院の売店を24時間営業のコンビニエンスストアにしたところ、夜間や早朝に近隣の住民や学生が買い物にくるようになったケースもある。

　地域住民が、病院を治療の場所としてではなく、コミュニティの一部として捉えるようになれば、病院のイベントなどへの参加意欲も高まってくるだろう。健康維持のためのセミナーや手軽にできる運動の指導といったヘルスリテラシーを高める活動はもちろん大切だが、今後は、住民と専門職、住民同士、子どもたちと高齢者などの交流の場として、地域活性化に向けたイベントなども企画していきたい。

　情報を発信するだけでなく、相互に交流することでコミュニティとしての広がりも出てくる。子ども食堂や健康食堂のような飲食店、おしゃれな介護用品を購入できる店、健康状態を手軽にチェックできる計測コーナーなどを開設することで、病院が日常的に通う場になっていく可能性がある。外来の待ち時間を地域のショッピングモールで過ごすのではなく、病院そのものがショッピングモールのような存在になっていくかもしれない。

　医療・介護が生活のインフラとなり、病院が特別な場ではなく、日頃から人々が利用するコミュニティの場になっていく未来が見えてくる。

医療法における広告規制の考え方①
広告規制の基本

1　広告規制の基本

　情報発信をする上で、気をつけなければならないのが広告規制である。

　広告とは、企業などが自社の製品やサービスを広く世の中に知ってもらうための1つの手段であり、もちろん病院や介護施設も、自分たちの事業を利用する方々にお知らせするために「広告」を行っている。広告は、消費者の購買意欲を引き出す目的で行われるが、程度を超えた広告になると、消費者に誤認を与える可能性があり、消費者の適切な判断を阻害してしまう要因ともなる。

　そのため、消費者が安心してサービスを選ぶことができるように、守るべき一定のルールが定められている。大きくは、①消費者の保護、②事業者の公正な競争、③著作物の権利保護という3つの視点でのルールである。例えば、事業者間での公平な競争を保護するために、自社商品をアピールするための手段として、ライバル企業の価値を下げるような表現の広告を打ち出すことは許されない。それぞれのルールは、①消費者の保護については景品表示法、②事業者の公正な競争については不正競争防止法、③著作物の権利保護については著作権法によってルールが定められている。

　医療における広告も基本的な考え方は同じである。医療サービスの消費者である患者の保護の視点で、適切な判断ができなくなるような虚偽の広告については、医療法第六条で禁じている（以下「広告規制」という）。

医療法（昭和二十三年法律第二百五号）抜粋

　第六条の五　何人も、医業若しくは歯科医業又は病院若しくは診療所に関して、文書その他いかなる方法によるを問わず、広告その他の医療を受ける者を誘引するための手段としての表示（以下この節において単に「広告」という。）をする場合には、虚偽の広告をしてはならない。

　2　前項に規定する場合には、医療を受ける者による医療に関する適切な選択を阻害することがないよう、広告の内容及び方法が、次に掲げる基準に適合するものでなければならない。

　　一　他の病院又は診療所と比較して優良である旨の広告をしないこと。

　二　誇大な広告をしないこと。

　三　公の秩序又は善良の風俗に反する内容の広告をしないこと。

　四　その他医療に関する適切な選択に関し必要な基準として厚生労働省令で定める基準。

「文書その他いかなる方法によるを問わず」とある通り、この「広告」にはWeb上の広告も含まれる。つまり、ホームページやSNSでの情報発信も表現の仕方によっては「広告」として扱われ、広告規制の対象となる。紙媒体の広報誌などを作成する際には、文言の選び方や表現、読者の受け取り方などを考慮し慎重に作成する場合が多いが、手軽に発信できるSNSなどもこの広告規制の対象になる場合があるので、注意が必要である。

2　広告してよい項目

「保健医療2035」では、患者が自ら受ける医療について「自ら選択」することを求めている。選択するためには十分な情報が必要になるわけで、病院としても広告による情報提供は不可欠である。

　医療法第六条の五　3項には「広告」してよい項目が挙げられている（**図表3‑3**）。患者が自らにとって適切な医療を選択し受けることができるよう、医療の広告として認められているルールに則り情報提供を行っていく必要がある。

　また、医療法施行規則（昭和23年厚生省令第50号。以下「省令」という）第一条の九により以下の広告は禁じられている。

　①比較優良広告

　②誇大広告

　③公序良俗に反する内容の広告

　④患者その他の者の主観又は伝聞に基づく、治療等の内容又は効果に関する体験談の広告

　⑤治療等の内容又は効果について、患者等を誤認させるおそれがある治療等の前又は後の写真等の広告

病院の診療実績や医師数、患者数などを公開する時には、その表現が比較優良広告と捉えられないような注意が必要となる。

図表3-3 医療機関が「広告」してよい項目（医療法第六条の五 3項）

医療法（昭和二十三年法律第二百五号）抜粋
第六条の五 3項
一 医師又は歯科医師である旨
二 診療科名
三 当該病院又は診療所の名称、電話番号及び所在の場所を表示する事項並びに当該病院又は診療所の管理者の氏名
四 診療日若しくは診療時間又は予約による診療の実施の有無
五 法令の規定に基づき一定の医療を担うものとして指定を受けた病院若しくは診療所又は医師若しくは歯科医師である場合には、その旨
六 第五条の二第一項の認定を受けた医師である場合には、その旨
七 地域医療連携推進法人（第七十条の五第一項に規定する地域医療連携推進法人をいう。第三十条の四第十二項において同じ。）の参加病院等（第七十条の二第二項第二号に規定する参加病院等をいう。）である場合には、その旨
八 入院設備の有無、第七条第二項に規定する病床の種別ごとの数、医師、歯科医師、薬剤師、看護師その他の従業者の員数その他の当該病院又は診療所における施設、設備又は従業者に関する事項
九 当該病院又は診療所において診療に従事する医療従事者の氏名、年齢、性別、役職、略歴その他の当該医療従事者に関する事項であつて医療を受ける者による医療に関する適切な選択に資するものとして厚生労働大臣が定めるもの
十 患者又はその家族からの医療に関する相談に応ずるための措置、医療の安全を確保するための措置、個人情報の適正な取扱いを確保するための措置その他の当該病院又は診療所の管理又は運営に関する事項
十一 紹介をすることができる他の病院若しくは診療所又はその他の保健医療サービス若しくは福祉サービスを提供する者の名称、これらの者と当該病院又は診療所との間における施設、設備又は器具の共同利用の状況その他の当該病院又は診療所と保健医療サービス又は福祉サービスを提供する者との連携に関する事
十二 診療録その他の診療に関する諸記録に係る情報の提供、第六条の四第三項に規定する書面の交付その他の当該病院又は診療所における医療に関する情報の提供に関する事項
十三 当該病院又は診療所において提供される医療の内容に関する事項（検査、手術その他の治療の方法については、医療を受ける者による医療に関する適切な選択に資するものとして厚生労働大臣が定めるものに限る。）
十四 当該病院又は診療所における患者の平均的な入院日数、平均的な外来患者又は入院患者の数その他の医療の提供の結果に関する事項であつて医療を受ける者による医療に関する適切な選択に資するものとして厚生労働大臣が定めるもの

医療法における広告規制の考え方 ② 医療広告ガイドライン

1 医療広告ガイドラインの活用

　厚生労働省は、医療法における病院等の広告規制について、「医業若しくは歯科医業又は病院若しくは診療所に関する広告等に関する指針（医療広告ガイドライン）」をまとめている。ガイドラインには、広告を行う者の責務、禁止される広告の基本的な考え方が記されている。禁止される広告の考え方としては、内容が虚偽に当たる広告は、患者等に著しく事実に相違する情報を与えること等により、適切な受診機会を喪失したり、不適切な医療を受ける恐れがあることを避けるのを目的としている。具体的には、医療法第六条の五２項の規定および医療法施行規則（昭和23年厚生省令第50号。以下「省令」という）第一条の九により、以下の広告が禁止されている。

①比較優良広告
②誇大広告
③公序良俗に反する内容の広告
④患者その他の者の主観又は伝聞に基づく、治療等の内容又は効果に関する体験談の広告
⑤治療等の内容又は効果について、患者等を誤認させるおそれがある治療等の前又は後の写真等の広告

　例えば、「絶対安全な手術です！」という表現については、絶対安全な手術等は医学上あり得ないので、虚偽広告として扱われる。

　広告規制の対象範囲としては、

①患者の受診等を誘引する意図があること（誘引性）
②医業若しくは歯科医業を提供する者の氏名若しくは名称又は病院若しくは診療所の名称が特定可能であること（特定性）

のいずれの要件も満たす場合としている。

　「誘引性」とは、その内容を読んだ人が、利益を期待して誘引される場合を想定している。例えば、病院がホームページやSNS等で治療等の内容や効果に関する患者の体験談を掲載し、それを読んだ人がその病院に対して好印象を持って同じ効果を期待すると、誘因性を生んだと捉えられるのである。

「特定性」については、複数の医療機関を対象としている場合も該当する。治療法等を紹介する冊子やWebサイトであっても、特定の病院等の名称や電話番号、サイトアドレスが記載されていて、一般の人が容易に当該病院等を特定できるような場合は、特定性があるとみなされる。

一方で、広告可能な事項の基本的な考え方としては、患者の治療選択等に資する情報であることを前提とし、医療の内容等については、客観的な評価が可能であり、かつ事後の検証が可能な事項としている。

広告可能事項については、第5次医療法改正（2007年）で、1つひとつの事項を個別に列記するのではなく、一定の性質を持った項目群として、まとめて「〇〇に関する事項」と規定するいわゆる「包括規定方式」をとることとなった。これにより、医療機関の広告規制は大幅に緩和された。例えば、「医師又は歯科医師である旨」については、医師法（昭和23年法律第201号）第二条に規定する免許又は歯科医師法（昭和23年法律第202号）第二号に規定する免許を有する医師又は歯科医師である旨を医業又は歯科医業に関する広告に記載できるが、日本での医師又は歯科医師の免許を有さない場合には、医師又は歯科医師である旨を広告できないとしている。

また、診療科の表記についても、医療法施行令第三条の二で定められた診療科名を使うことが示されているが、診療内容について客観的評価が可能でわかりやすいものにする必要がある。「麻酔科」については、当該診療に従事する医師が厚生労働大臣の許可を得た場合に限り、広告可能としている。さらに、医療法第六条の六 4項の規定により、麻酔科を診療科名として広告する時には、許可を受けた医師の氏名を併せて広告しなければならないとされていることにも留意する必要がある。

詳しくは、医療広告ガイドラインを参照し、正しい理解のもとで必要な情報発信を行っていただきたい。

2 広告可能事項の限定解除の要件等

前述の通り、広告が可能とされた事項以外は、広告してはならないこととされているが、患者が自ら求めて入手する情報については、適切な情報提供が円滑に行われる必要があるとの考え方から、広告可能事項の限定を解除し、他の事項を広告することができるとしている（以下「広告可能事項の限定解除」という）。

広告可能事項の限定解除が認められる条件は、以下の①〜④のいずれも満たした場合とされる。

①医療に関する適切な選択に資する情報であって、患者等が自ら求めて入手する情報を表示するウェブサイトその他これに準じる広告であること

②表示される情報の内容について、患者等が容易に照会ができるよう、問い合わせ先を

記載することその他の方法により明示すること

③**自由診療に係る通常必要とされる治療等の内容、費用等に関する事項について情報を提供すること**

④**自由診療に係る治療等に係る主なリスク、副作用等に関する事項について情報を提供すること**

　Webサイトなど、「自ら情報を取りに行く」いわゆるプル型のチャネルで、メールマガジンや患者の求めに応じて送付するパンフレット等については、本人にとって適切な情報を得ることに貢献できるような内容であれば限定解除の対象となる。電話番号、Eメールアドレスなどの問い合わせ先を記載することで、患者と医療機関等との情報の非対称性が軽減することにもつながる。

　しかしいずれにしても、虚偽の広告とみなされないような表現への配慮は必要になることを忘れてはならない。

行動経済学的視点を持つ

1　医療の価値を患者と共に創出していく

　これまでの医療は、その価値を「治癒」に置いてきた。もちろん、これからも「治癒」は求められる価値の１つだが、これからの医療は「価値」を患者と医療者で創出していく時代になる。患者一人ひとりの多様性への対応が求められるようになるからだ。

　患者一人ひとりの期待値と潜在価値、将来価値を知り、患者にとっての価値の最大化を共に考えていくためには、病院経営にも「顧客を創造していく」という経済学的視点が必要になってくる。経済とはわれわれの生活そのものの仕組みである。ミクロな視点として自分たちの身の回りの出来事を見て、マクロな視点で国全体の動向を知り、目の前の出来事を将来からの視点でも捉えることが必要になってくる。

2　ミクロとマクロの視点を併せ持った病院経営

　これまで病院の経営は、目の前の患者に対する医療サービスを提供する現場の視点、つまりミクロな視点が中心だった。これからは、少子高齢社会のなかで、新しい仕組みが求められる社会保障制度の方向性に沿って、2040年の病院がどうあるべきか、そして、その先の時代に社会保障はどうあるべきかを常に意識しながら経営していく必要がある。つまり、マクロの視点も持たなくてはならないのである。

　医療や介護を公的保険サービスとして提供するだけではなく、生活そのものを支えるインフラとしてのヘルスケアサービスのあり方を考えていくことになる。そのなかで、人々の健康意識を変え、医療の受療行動を変えるためには、どのようなアプローチが必要かを検討していかなければならない。つまり、行動を変えるためのアプローチとして、何をすべきかを考える必要があるのである。

3　患者が主体性を持って健康維持に取り組む必要性

　古くから使われている言葉に「医は仁術なり」という表現がある。これまで、患者が医師の慈愛の気持ちに頼る「おまかせ医療」が長く続いてきた。医療は専門性が高く、提供する

医療従事者と患者には情報ギャップ(非対称性)が大きいことが、「おまかせ医療」が続く要因の1つとなっていた。しかし情報化社会となった今、患者側が病院や医師、治療内容などを「選択する医療」へのパラダイムシフトが強く進められている。

「保健医療2035」のなかで、健康について「従来の医療の枠組みを越え、コミュニティや社会システムにおける日常生活の中で、一人ひとりが保健医療における役割を主体的に果たすことによって実現されるべきものである」と示されているが、そのために一人ひとりが自分の健康を向上させるために主体的な判断や選択を行うことができる環境を整えることが必要であると記されている。これは「おまかせ医療」からの脱却だけに留まらず、健康維持についても国民一人ひとりが主体性を持って取り組む必要があるということであり、QOL(生活の質)の向上にもつながっていく。

4 ナッジを効かせた広報

自己実現のマーケティングでは、「なりたい自分をイメージする」、「その商品を持つことで得られる付加価値をイメージする」という手法がある。例えば、スポーツジムや健康食品のCMが「理想の姿を示す」のは、コトラーのマーケティング4.0(14ページ参照)の考え方に沿ったものである。

人々の購買への考え方が大きくシフトしているなかで、医療の選び方にも「自分のなりたいイメージ」を重ねるという考え方を取り込んでいくことが、「主体的選択」による医療へとつながっていくだろう。この顧客意識の変化に対して、病院側も対応していく必要がある。もちろん医療には広告規制もあり、健康食品のようなアピールをすることはできないが、患者側が治療を受ける際のイメージ、治療を受けた後の生活のイメージをより具体的に描けるような、いわゆる「ナッジ」を効かせた広報を行っていく必要がある。

ナッジとは行動科学の知見の活用により、「人々が自分自身にとってより良い選択を自発的に取れるように手助けする」アプローチのことである。経済的インセンティブや罰則といった手段を用いるのではなく、「人が意思決定する際の環境をデザインすることで、自発的な行動変容を促す」のが特徴である。

例えば、入院中の栄養指導の場面を思い浮かべてみよう。何らかの病気で入院し、治療後の体力の回復や適正な血糖値などを目指して管理栄養士から退院後の食事について指導を受ける場面である。入院中の食事は管理栄養士によって栄養素などが計算されているが、退院後に同じような管理をするのは難しいと感じるであろう。しかし、入院中の食事によって体調が整い、これまでなかなか実現できなかった血糖値のコントロールができるようになり、自分の体に良い変化があることを感じていた場合、さらに管理栄養士から体内で起こっている変化や、この変化を継続することでさらに体調が整うこと、市販の食材などを上手に組み合わせることで、自宅でも「体に良い食生活」が可能だとわかったなら、どうす

るだろうか。「退院後、少し気をつけて、入院中の食生活に近い環境を継続した方が良いかもしれない」と思うのではないだろうか。この、「自分にとって良い」方を自然と選びたくなる環境をつくるのが、ナッジの効果である。

　病院からの情報提供だけではなく、患者の体験談の共有やシミュレーションなどを取り入れた広報、診察以外にも相談できる環境の提供や個別のゴール設定のための意思決定支援などを多角的に行い、顧客行動を変える活動を担っていくことが、これからの病院広報の役割と言える。

確 認 問 題

問題
1
プル型コミュニケーションに当てはまらないものはどれか。

〔選択肢〕

①地域の掲示板

②チラシ・パンフレット

③年賀状

④セミナー

⑤ライブ配信

**解答
1**　③

**解説
1**

利用者側の意思で収集するものがプル型である。

①地域の掲示板：プル型

②チラシ・パンフレット：プル型

③年賀状：プッシュ型

④セミナー：プル型

⑤ライブ配信：プル型

確認問題

問題
2　広告規制と関連法の組み合わせについて、誤っているものはどれか。

〔選択肢〕

①消費者の保護──景品表示法

②事業者の公正な競争──不正競争防止法

③著作物の権利保護──著作権法

④医療における広告──健康保険法

⑤健康食品・サプリメントの広告──薬機法

解答
2

④

解説
2

④医療における広告は、医療法で規制されている。

第4章

広報戦略事例

偕行会グループの広報活動①
タッチポイントの創出

　本章では、事例を通じて、実際の医療機関における広報活動について見ていきたい。

　まずは、6つの医療法人を有する偕行会グループを取り上げる。本節は、医療法人偕行会法人本部コーポレートブランディング部広報課課長の岩田裕介氏にご寄稿いただいた。

1　偕行会グループの概要と広報活動

　偕行会グループは、1979年に基幹病院である名古屋共立病院（名古屋市中川区）を開院して以来、「人」が健康で豊かな生活を送るために、創業者の専門分野である透析医療を中心として、予防・急性期・回復期・慢性期・在宅医療までのシームレスな医療を提供できる体制を整えてきた。透析医療においては、1都6県の病院・クリニックで約3,400人（2021年4月現在）の患者様をサポートしている（図表4-1）。また、医療ツーリズムを

偕行会グループ　概要

（2021年11月1日現在）

グループ名	偕行会グループ
代表者	会長　川原弘久
創業	1972年
本部所在地	愛知県名古屋市
グループ医療法人	医療法人偕行会 医療法人偕行会岐阜 医療法人偕行会長野 医療法人社団偕翔会 医療法人名古屋放射線診断財団 医療法人社団室生会
施設数	病院：4施設 透析施設：18施設 画像診断施設：2施設 介護福祉施設：18施設（全42施設）
主な病院・クリニック・介護施設	名古屋共立病院、偕行会リハビリテーション病院、偕行会城西病院、豊島中央病院、偕行会セントラルクリニック、名港共立クリニック、東名古屋画像診断クリニック、老人保健施設かいこう　ほか

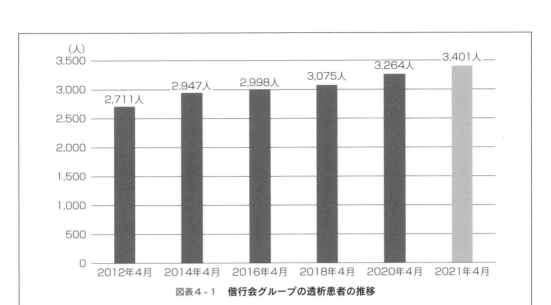

図表4 - 1　偕行会グループの透析患者の推移

はじめとしたインバウンドや透析医療技術の提供といったアウトバウンドなど海外事業にも力を入れている。

　偕行会グループには現在42の施設・サービスがあるが、グループ全体の広報を担当するのが、私たち医療法人偕行会法人本部コーポレートブランディング部広報課である。偕行会グループの「顔」として、エビデンスに基づいた情報発信と広報活動を徹底している。「タッチポイントの創出」、「法人のブランディング」を主なミッションとし、各病院・施設の広報ツールの整備やイベント開催といった集患活動にも携わる。

2　タッチポイントの創出

　タッチポイントとは、病院（施設）と患者様（利用者様）とを結ぶあらゆる接点を指すが、偕行会グループではオンライン、オフラインを問わず、さまざまなチャネルを使い分けながら、市民に対しアプローチを行い、認知を拡大させている。

　サミュエル・ローランド・ホールによって提唱された「AIDMAの法則」などでも示されているように、いかに良い治療をしていても、病院（施設）のことを知ってもらわなければ受診にはつながらない。まずはタッチポイントを増やし、地域社会や市民の注意を引き、法人のことや病院のこと、そこで働くスタッフのことなどを知っていただき、興味・関心を持ってもらうことが重要である。そしてそれは、グループの広報だからこそ担える役割であろう。

　また同時に、市民が健康なうちから病院情報や医療情報を伝えていくことは、地域のヘルスリテラシーの向上にも貢献できると考えている。

■（1）YouTubeチャンネルの開設

　オンラインの広報戦略の1つに、YouTubeチャンネルの開設がある（図表4-2）。2020年7月の開設以来、チャンネル登録者数710人、総再生回数12万回以上、公開動画数30本（2021年12月1日現在）という状況だ。まだまだ誇れるような数字ではないが、医療機関ならではの「専門性」や「信頼性」を強みとして、各専門職種の協力のもと、運動（健康体操）や感染対策、医療制度紹介、施設紹介、市民公開講座など幅広いコンテンツを配信している。なかでも市民公開講座は、コロナ禍でリアルの接点がつくりにくかったことを背景に、ライブ配信でイベント的に複数回実施。コロナ禍の話題づくりとして効果があったほか、配信映像をアーカイブ化することで継続的な広報活動にもつながった。

　今回、YouTubeチャンネルを開設した理由は大きく3つある。1つ目は、コロナ禍における「新しい生活様式の実践」により動画サービスの需要が増加するだろうということ。2つ目は、コロナ感染予防のための外出自粛により、活動量が減少し運動不足や生活リズムの乱れが懸念され、健康の維持・管理のあり方も変化するだろうということ。3つ目は、YouTubeがほかの映像系アプリケーションよりも全年代に幅広く支持されるツールであること。

　実際の効果としては、YouTube動画から当院を検索して来院する新規患者様が現れ始めたことや、ホームページに埋め込むことでコンテンツが一層充実しページビュー（PV）

図表4-2　偕行会グループのYouTubeチャンネルページ

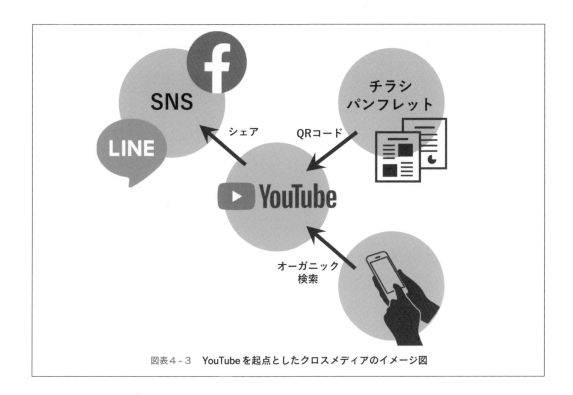

図表4-3　**YouTubeを起点としたクロスメディアのイメージ図**

数が増加したことなどが挙げられる。最も再生回数が多い映像コンテンツは「病院で働く運動のプロが教える　肩こり解消ストレッチ」（1万6,000回再生）だが、前述したチャンネル開設理由の2つ目に、うまく当てはまったからではないかと考えている。

　そのほか、FacebookやLINEなどのSNSでシェアしたり、QRコードをチラシやパンフレットに掲載したりするなどのクロスメディアも戦略的に実施している。YouTube動画への流入経路を複数用意することで、常に新しい層へのリーチが可能となっている（図表4-3）。

▌（2）Web広告の実施

　偕行会グループでは、他院と差別化を図る目的で、いくつかの疾患に対し病院ホームページとは別にランディングページ（LP）を設置している。LPに対しては、より市民（ユーザー）の目に留まるようにGoogleやYahoo!のリスティング広告（Web広告）を実施している。

　Web広告を始めた理由は3つある。1つ目は、エリアマーケティングが可能だということ。病院の集患エリアは、疾患によって違いが出やすいが、リスティング広告はエリアを簡単に区切ることができるため競合先を避けることも、あえてぶつけることも可能である。そして、2つ目は運用コストが低いこと。検索キーワードに対するオークション型の広告出稿だが、上限金額を設定でき、効果測定をしながら運用をコントロールすることができる。3つ目はSEO（検索エンジンへの最適化）と違い、即効性が高いこと。広告競合

先との兼ね合いもあるが、広告出稿後は即時的に上位に表示（広告枠）される。

　継続的な効果測定を行いながら運用する必要はあるが、市民が病院を選ぶ際、インターネットを使って病院名ではなく症状などで「逆引き辞典」のように調べる現代において、Web広告は市民により認知され、選ばれる病院（施設）になるための広告宣伝方法の1つとして有力なツールだと考えている。

（3）地域学区との連携

　オフラインの広報戦略としては、地域の学区とタイアップしさまざまなイベントの実施や回覧板を活用した情報発信を行っている。

　タイアップイベントの1つに、地域での「体力測定会」がある。地域学区のコミュニティセンターを借り、地域の高齢者を対象に予約制にて開催。偕行会グループの運動の専門家「健康運動指導士」が測定とアドバイスを実施した。体力測定会を開催した理由は、単なる病気の解説だけではなく、現在の体力を認識してもらうことで、いわゆる「未病」の段階からタッチポイントをつくることができるほか、病院のメイン集患エリア、およびメインターゲットともマッチすると考えたためである。実際に、初回開催時にはフレイル（いわゆる虚弱）の方を1人、プレフレイルの方を11人発見することができた。このほか、学区からのニーズに合わせて各種ミニ講座の開催も行っている。

　また、地域学区の回覧板を積極的に活用し、「病院広報誌」や「各種イベント案内」の挟み込みを定期的に依頼している。回覧板は、役所をはじめとする行政が地域に情報を伝えるための重要な伝達手段であり、必ず各戸へ情報が伝わる媒体である。また、家族のなかでも特に病院のメインターゲットになりやすい中高年以上の方々がほぼ確実に目を通す媒体でもある。一般的には、一企業や一医療法人の情報を回覧板に挟み込むことは営利目的とされ、民生委員などから難色を示される地域が多いかもしれないが、依頼時に「地域社会の健康づくり」を一番の目的としていることを明確化することで、地域からも理解してもらえていると考える。

　偕行会グループの基幹病院である名古屋共立病院では、年4回、病院広報誌を発行しているが、現在は近隣の4学区、合計1,600戸へ「無料」で情報伝達を行うことができており、同広報誌の内容に対して地域からの問い合わせも少しずつ増えてきている状況である。

（4）異業種とのコラボレーション

　タッチポイントを増加させるための手立ての1つとして、異業種とのコラボレーションを推進している。このメリットは、「偕行会」のことをまったく知らない層に対し、コラボレーション先の「信頼」を借りて認知度を高められるという点である。新しいマーケットの開拓を念頭に、まずは2020年より名古屋市内にある金属メーカー兼商社の社内報の監修をスタートした。

　偕行会グループの管理栄養士や健康運動指導士らが各号を担当し、メインコンテンツの監修に加え、旬のレシピや職場環境に合わせた健康体操など、情報提供やネタの選定から携わっている。「栄養」や「運動」というジャンルは医療や病院という枠だけでなく、一般企業においても重宝されるコンテンツであり、専門家による情報という付加価値により、同社からはたいへん好評をいただいている。偕行会グループとしても、まったく違うエリアかつ業態の社内報を通じて、そこで働く社員の皆様およびそのご家族に「偕行会」を知っていただくきっかけをつくることができたと感じている。

＊

　これまで、さまざまな手法を用いて地域社会とのタッチポイントを増加させてきた。さまざまな活動を通じて感じたことは、そもそも地域では「病院」からの情報に対するニーズが高いということである。ポストコロナになっても対面コミュニケーションが増加しない可能性があるなか、「会えなくても近い」と患者様に感じてもらえるタッチポイントをつくり続けることが重要だと考えている。

　医療機関の広報部門は地域社会と病院・スタッフをつなぐ「ハブ」として、今後もより有益な医療・健康情報を「戦略的」かつ「継続的」に発信することが求められている。

② 偕行会グループの広報活動②　透析ブランディングをめざして

1　透析ブランディング

　日本透析医学会の発表によれば、2019年末現在、国内の慢性透析患者数は約34万人とされ、前年調査より4,779人、1.4％増加している。透析患者数はこれまで右肩上がりで増加しており、透析医療は安定的に収益を確保できる分野と考えられてきたが、近年は診療報酬改定のたびに行われる透析単価の引き下げや新規導入患者数の鈍化、透析患者の高齢化による合併症の増加など、透析医療を取り巻く環境は年々厳しさを増している。このような状況下でも、安定的な経営を継続させ、一層の発展を目指していくために、日常的な診療や透析合併症対策の徹底はもちろんのこと、競合との差別化を図り、患者様にも医療従事者にも選ばれ続けるよう、「偕行会透析」のブランディングが必要と考え、さまざまな広報戦略を立案・実行している。

　ブランドづくりの一般的な手順は「認知」「信頼」「愛着」のステップがあるとされているが、このうちまずは「認知」と「信頼」に注力した。

(1)戦略的メディアリレーションズ

　偕行会グループの透析医療に関してこれまで以上の認知度向上を図るために、まずはマスマーケティングが必要と考え、偕行会グループ広報課の最大の強みであるメディアとのネットワークを活かし、各メディアに向けて、媒体やエリアを問わず「メディアキャラバン」（訪問営業）や営業資料の送付を実施した。

　訪問前には、過去の取材傾向や医療分野に関心を持っている記者を、毎日の報道を記録するなどして徹底的にリサーチ（図表4-4）。また、営業資料についてもプレスリリースやパンフレットだけでなく、当グループで働くスペシャリストたちのこれまでの歴史を紐解いた「オリジナルストーリー」（図表4-5）を制作し、それぞれの「こだわり」や「患者様への想い」を見える化。押し付けがましいセールストークではなく、「隠れた良いところ」や「メディアが気づいていない新しい視点」を加えるなどの工夫を行った。

　その結果、日本経済新聞の一面や地元ブロック紙（中日新聞）の人物紹介コーナー、ニュース番組、ラジオ、業界誌など数多くのメディアに露出させることができた。その広告換算額（獲得した誌面・放送時間等を購入した場合に掛かる金額）は、約2年間で3,785万8,043

図表4-4　報道傾向記録表（一部抜粋）

記者名	掲載数	担当地区（予想）	担当分野（予想）
A氏	20	**中村区**、昭和区、**中川区**、熱田区、中区	イベント、教育、警察、行政、歴史
B氏	37	千種区、天白区、緑区、昭和区、東区、中区	イベント、取り組み、警察
C氏	66	港区、千種区、南区、中区、緑区、昭和区、東区	イベント、連載物、警察、歴史
D氏	39	豊明市、天白区、中区、大府市、瑞穂区、千種区、東海市、昭和区	**医療**、イベント、歴史、取り組み
E氏	43	千種区、名東区、中区、**中村区**、東区、**中川区**、熱田区	イベント、連載物、警察、取り組み

「10年後も元気に歩けるように」——
透析患者様の未来を支える運動療法のパイオニア

運動療法を他に先駆けて導入——
透析患者様を前にして、想いはより強く

透析治療を行っている患者様は、筋力が低下しやすいことが知られています。その減少スピードは、健康な人の5倍とも。筋力の低下は転倒・骨折から寝たきりになるリスクが高まる、疲れやすくなって日常生活がつらくなるなど、生活に深刻な影響を及ぼします。

かつては透析治療を受けると体力を奪われ、ぐったり疲れてしまって運動などができないといわれていた時代もありました。しかし今では透析の技術が進歩して、患者様への負担が少なくなりつつあります。そこで運動療法を取り入れ、筋力を向上する取り組みが注目されるようになってきたのです。

偕行会グループでは、2001年から他に先駆けて運動療法を導入。2004年には運動療法を行える病院併設施設「ウェルネスセンター」を開設しました。そして2012年、透析中に行う運動療法を開始。透析中にゴムチューブや移動式バイクを使用して、筋力トレーニングを行うことができるようになりました。

2016年12月現在では、18施設で透析中の運動療法を行っています。その立役者となったのが、健康運動指導士の森山善文です。

健康運動指導士とは、健康維持・改善のために、安全かつ効果的な運動プログラムを提案、指導

健康運動指導士　森山善文

する専門資格のこと。

森山は、透析患者の方々と接していく中、筋力低下によって自立歩行ができなくなる患者様、転倒や骨折をきっかけに寝たきりになってしまう患者様を数多く目の当たりにしてきました。その歯がゆさが、運動療法導入の強いモチベーションにつながったのです。

「つい最近まで元気にスタスタと歩いていた患者様が、翌月会うと車椅子でしか移動できなくなっている姿を見たり、転んで骨折して転院していかれたことを知ったりすることがとても多いです。だからこそなんとかしなければ、という気持ちがありました」（森山）

森山は、「病院では病気を治療するのはもちろんのこと、患者様に元気になっていただくためにはなんでもするべき。運動療法はそのために役に立つ」と確信しています。その考えの源は、1年間のアメリカ留学と、その後の大阪簡易保険総合健診センターでの経験から生まれました。

図表4-5　偕行会グループの透析分野スペシャリストの「オリジナルストーリー」の一例

円（偕行会グループ調べ）を記録した。また、この「オリジナルストーリー」はWebサイトやSNS（Facebook）にも掲載してクロスメディア戦略を実施。幅広い年代に対しアプローチを行うことで採用活動にも一部貢献した。

▋（2）Webサイトリニューアル

　偕行会グループの透析医療の強みの1つに、日本透析医学会の水質基準をはるかに超える「ウルトラピュア」な透析液をはじめとする、徹底した合併症対策が挙げられる。また、バスキュラーアクセス治療、人工炭酸泉、透析運動療法など、きめ細やかなケアで安心安全な医療を提供している。

　これらの取り組みについて、広く一般の方々に理解を深めていただくため、2017年よりWebサイトのリニューアルを開始した。まずは、偕行会グループの透析医療（合併症対策）についてまとめた「透析事業本部」サイトから着手。Google社が推奨するモバイルフレンドリーなWebサイトにするべく、スマートフォンへの最適化を念頭に置き、高齢透析患者様が閲覧する場合を想定してシンプルなデザインを追求した。また、アイキャッチとコンテンツは視覚的にわかりやすいような工夫を行った。

　Google Analyticsの解析データを基にWebサイトリニューアル前後の1年間を比較す

図表4-6　透析事業本部 新旧Webサイトアクセス解析

	ユーザー数	セッション	PV	ページセッション	直帰率	滞在時間
旧サイト	11,894	14,400	26,788	1.86	78.2%	01：11
新サイト	11,596	16,874	53,988	3.33	48.5%	02：25

〈集計期間〉旧サイト：2016年9月1日〜2017年8月31日／新サイト：2017年9月1日〜2018年8月31日

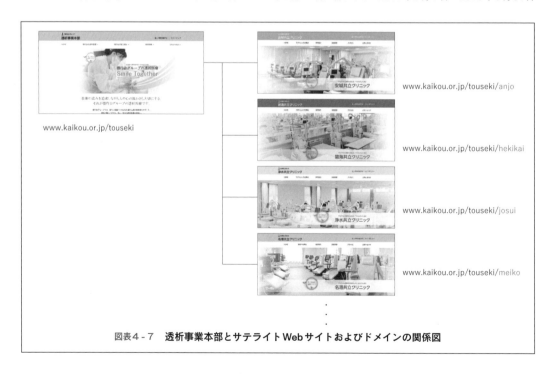

図表4-7　透析事業本部とサテライトWebサイトおよびドメインの関係図

ると、ページビュー(PV)数とページ滞在時間はそれぞれ2倍以上に向上。これまで課題としてきた直帰率(1ページの閲覧で離脱してしまった割合)も激減した。これにより、ページセッションは3.33、つまり平均で3ページ以上閲覧してもらえるWebサイトに生まれ変わることに成功した(図表4-6)。

　また、もう1つの強みである「どこの透析施設においても、均一化された『偕行会クオリティ』の透析医療を提供できること」を伝えるために、デザインの統一とドメインの整理を実施した。「透析事業本部」サイトを起点として、同一デザインのサテライトクリニックがぶら下がる構成となっている(図表4-7)。デザインの統一は、制作工数と費用の削減につながったほか、ドメイン整理によりWebサーバーの契約費のコストダウンなどの副次的な効果ももたらした。

▌(3)慢性腎臓病(CKD)に関する啓発活動

　厚生労働省は2018年7月に、2028年までの10年間に年間の新規透析導入患者数を3万5,000人以下に減少させるという「腎疾患対策検討会報告書～腎疾患対策の更なる推進を目指して～」を公表した。国としても生活習慣病に対して早めにアプローチを行い、透析導入とならないよう(遅らせられるよう)に力を入れていることがわかる。診療報酬においても腎不全保存期の患者様に対し、療法選択について丁寧な説明を行うことが評価されるようになっている。

　このような動きを受けて、私たち広報課としても、8人に1人の割合で発症するとされる新たな国民病「慢性腎臓病(CKD)」と腎代替療法に関し、啓発活動を開始した。具体的には、前述した透析事業本部サイト内に「イラストで学ぼう！腎臓のおはなし」と題した

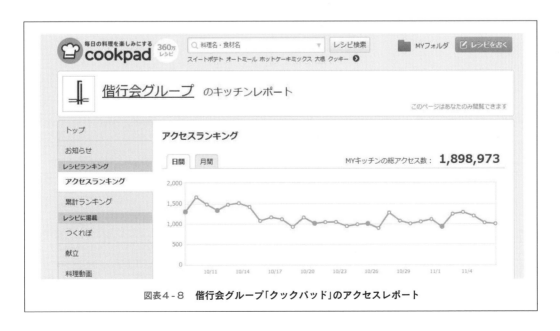

図表4-8　偕行会グループ「クックパッド」のアクセスレポート

図表4-9　ライブ市民公開講座「よ～くわかる腎臓のお話」配信データ（2021年3月7日配信）

	ユニーク視聴者数	視聴者数あたりの平均視聴回数	視聴回数	最大同時接続数
配信結果	1,294	1.3	1,725	253

Webコンテンツを制作したほか、日本最大のレシピサービス「クックパッド」に「偕行会グループのキッチン」ページを設置し、管理栄養士監修の「腎臓病食」「透析食」等の掲載などを行っている。

「イラストで学ぼう！腎臓のおはなし」は、現在、透析事業本部サイトのトップアクセスコンテンツになっており、約30％のアクセスを集めている。「クックパッド」については、公開レシピ総数が900を超えており、総アクセス数は189万8,973件、1日当たり約1,000件のアクセス数を維持している（図表4-8）。クックパッド内で「透析」と検索した場合のトップ50レシピを偕行会グループで独占するなど、超人気コンテンツとなっている。

また、国際腎臓学会(ISN)と腎臓財団国際連合(IFKF)により、毎年3月の第2木曜日と定められた「世界腎臓デー」の趣旨（腎臓病の早期発見と治療の啓発）に賛同し、2021年3月7日にオンラインシステムを活用した市民公開講座「よ～くわかる腎臓のお話」をライブ配信した。偕行会グループとして初めてライブ配信した市民公開講座であったが、当日は約1,300人の幅広い年代の方々に視聴していただけた（図表4-9）。

ライブ配信にしたことで、対面式では集めることが難しい数の参加者を動員することができたほか、日本国内のみならず海外を含めた広域の参加者の獲得にもつながった。また、オンラインのチャット機能を活用することで、対面式よりも活発な双方向のコミュニケーションを実現できたと考えている。

＊

これまで「偕行会透析」のブランディングを進めるため、さまざまな広報戦略を企画・実施しながら「認知」「信頼」のステップを継続的に進めてきた。今後は次の「愛着」のステップを徐々に見据えながら、「有名医師がいるから」「良い透析医療機器が導入されているから」「透析導入病院から紹介されたから」ではなく、「偕行会の透析だから」という理由で患者様から選ばれる病院ブランドづくりに、より本格的に着手していきたいと考えている。

③ 日下部記念病院の広報活動 リブランディングのための戦略

　偕行会グループに続いて紹介する事例は、社会医療法人加納岩日下部記念病院である。コロナ禍で厳しい経営状況のなか、日下部記念病院はブランディングに重点を置いた戦略的広報活動を展開し、成果を上げた。その具体的内容を紹介する。本節は、社会医療法人加納岩日下部記念病院医療福祉相談課の井原純平氏にご寄稿いただいた。

1　日下部記念病院の概要

　山梨県山梨市にある日下部記念病院は、JR山梨市駅から徒歩7分、笛吹川を挟み、公園の豊かな緑と向き合った場所にある。地域密着型病院として、通常の精神科医療だけでなく、救急対応、認知症疾患・合併症への対応など、現在の地域ニーズに沿うように活動している。認知症疾患医療センター、県内唯一の若年性認知症相談支援センターとしての機能も有する。

社会医療法人加納岩日下部記念病院　概要

（2021年11月1日現在）

法人名	社会医療法人加納岩
病院名	日下部記念病院
院長	久保田正春
開設年	1952年 医療法人加納岩病院開設、1956年 山梨日下部病院設立
所在地	山梨県山梨市
診療科目	精神科、老年精神科
病床数等	282床
関連施設	加納岩総合病院、山梨リハビリテーション病院、東山梨訪問看護ステーション、グループホームふえふき、リハケアセンターきらり、よつばデイケア、つくしデイケア、さくらデイケア、就労継続支援B型事業所すずらん

2　日下部記念病院の広報誌とコロナ禍の影響

　当院には広報を専門で行っている部署はなく、委員会として活動している。広報委員会は事務職員だけでなく、看護部やコ・メディカルなどの多部署から選出された6名で構成されている。月1回定期的に委員会を開催し、主に広報誌の制作を行っている。発行しているのは、院内向けと院外向け、2種類の広報誌である。

▌(1)院内向け広報紙『クサカベ新聞』

　院内に向けた広報紙『クサカベ新聞』(月1回発行、図表4-10)は、職員や患者に見てもらうことを想定して制作しており、院内にのみ配布している。内容は、病院のイベントや各部署の活動報告、職員の紹介などのトピックスが中心。月1回の発行ということで、行事の紹介などはタイムレスに記事にする必要があることから、比較的簡易な構成となっている。

　このうち、職員の趣味をバトン形式で紹介する「マイホビー」というコーナーは、職場ではわからないスタッフの意外な一面を知ることができ、コミュニケーションづくりのきっかけにもなると好評を得ている。

▌(2)院外向け広報誌『ふえふき川』

　外部向けの広報誌『ふえふき川』は、『クサカベ新聞』より広い層、特に地域で暮らす人々の手に取ってもらえることを期待して制作している。病院が行っている活動の紹介はもとより、医師による疾病解説や、薬剤師からの薬についての情報提供、心理士や認定看護師のコラムなど、精神科病院ならではの情報発信に力を入れている。配布先は、医療・福祉の関係機関が大半を占めている(図表4-11)。

　従来の『ふえふき川』は、図表4-12のように、オーソドックスなデザインと構成でつく

図表4-10　院内向け広報紙『クサカベ新聞』

られていたが、コロナ禍をきっかけに大きな変換期を迎えることとなった。

　コロナ禍は、当院にも大きな影響を及ぼした。外出自粛による患者の受診控えなどの影響で収益は落ち込み、経営もたいへん厳しい状況となった。入院患者の安全を第一に考えた結果、面会や外出泊の制限も余儀なくされた。集団療法や屋外でのレクリエーション活動なども縮小され、閉塞感が増していった。こうした病院の危機を乗り越えるためには、広報活動の見直しが必要であった。

　戦略的に広報活動を行うためには、ブランディングとマーケティングが重要であることは言うまでもない。両者は同じような意味で捉えがちだが、しっかりと区別して考える必要がある。当院では、ブランディングに重きを置いて広報活動を再考することにした。

　コロナ禍で傾いた経営を回復させる、すなわち収益を増やすというのは、あくまでも課

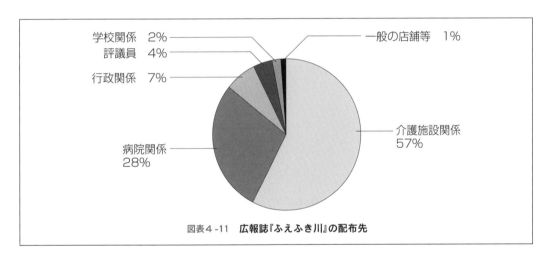

図表4 -11　広報誌『ふえふき川』の配布先

図表4 -12　従来の広報誌『ふえふき川』

題の１つであり、最終的なゴールではないということをまずは意識した。目先の結果だけを追い求めるのではなく、当法人が掲げる経営理念「皆様に優しく信頼される的確な医療を提供し地域社会の健康と福祉に貢献する」という大きなミッションが、組織として目指すゴールであると同時に、パーパス（存在意義）であることを核として、リブランディングに取り組むこととなった。

3　リブランディングのための具体的な広報展開

　ブランディング戦略においては、必ずしも抜本的な新しい取り組みを行うことだけがすべてではないと考えている。今まで行ってきた取り組みや、現在の体制を見直すことは、新たな戦略を打ち出すうえでも大切なプロセスだ。また、０から１のコンテンツを生み出すには、大きなエネルギーが必要になる。当院のような規模の小さな民間病院では、時間や予算、マンパワーも限られており、今まで行ってきた広報活動を、アイデアを駆使していかにアップデートできるかがカギとなった。

　具体的には、まったく新しい広報媒体を作り出すのではなく、これまでのアナログな紙媒体（広報誌）のデザインやコンセプトを見直すとともに、ホームページのリニューアルや、病院紹介ムービーなどのデジタルコンテンツも取り入れ、ハイブリッド的に運用していくこととした。

　ブランディングやパーパスの視点を軸にした広報活動を展開していくためには、広報の本質をもう一度深く考える必要がある。私たちが考える広報の本質とは、コアバリュー（組織が最も重要であると考える価値観）、言うなれば「病院として誇りを持って行っている取り組みを伝えること」である。単に広報誌のデザインを一新するだけでなく、広報のコンテンツのベースとなる企画をつくっていくことが必要であると考えた。

▌（１）広報誌『ふえふき川』の大幅リニューアル

　まず、広報誌『ふえふき川』の表紙は、リニューアルされたことが一目でわかるようにデザインを一新した。「病院の広報誌らしくない尖ったデザイン」をコンセプトに、まるでファッション誌や写真集のような大胆な表紙を採用した（**図表４-13**）。これには単に他の広報誌との差別化を図るだけでなく、新たな配布先、設置店を増やすというねらいもある。**図表４-11**の通り、これまでの広報誌の配布先は関係機関がほとんどであり、一般店舗などへの配布は全体の１％程度と極めて少なかった。広報誌をファッショナブルなデザインにすることで、今までリーチできなかった店舗、例えば若者が集うカフェや美容室などにも設置してもらいやすくなるのではないかと考えた。

　表紙だけでなく、誌面もトーン＆マナー（ブランディングにおけるデザイン・クリエイティブの表現をルール化したもの）を意識してデザインコンセプトを統一した（**図表４-**

14）。文字が多くなり過ぎないように注意し、写真をメインにしたページを増やした。内容については、医学的なコラムであっても、可能な限り専門用語の使用は避け、一般の方が読んでも理解できるよう配慮した。

また、新たなシリーズとして打ち出した「病院を支える者たち」（**図表4 -15**）は、「現場で働く人材こそ、組織における最も大切なリソースであり、組織の魅力そのものである」という視点から始まった企画である。タイトルの通り、病院で働く職員を紹介していくシンプルな内容であるが、ここでポイントとなるのは、「潜在化された魅力を発掘する」という点である。病院で働く人と聞いてイメージするのは、医師や看護師をはじめとする「専門職」と呼ばれる人たちだと思うが、実際の医療現場では、医療の専門職だけでなく、実

図表4 -13　尖ったデザインに一新した広報誌『ふえふき川』の表紙

図表4 -14　デザインコンセプトが統一された誌面

図表4-15　シリーズ企画「病院を支える者たち」

にさまざまな人たちが働いている。この企画では、資格の有無や職種に捉われず、病院を陰で支える立役者にもスポットを当てることにした。

（2）撮影会「かけがえのない"今"をのこそう」

ここからは、コロナ禍に実践したさまざまな企画を紹介する。

デイケアで開催した撮影会「かけがえのない"今"をのこそう」（図表4-16）、地元写真館の協力のもと、シニア世代のデイケア「つくし教室」にセットを組んで行った。利用者がモデルとなり、撮影が得意な職員がカメラマン役となって実施した。撮影前には職員がモデルにメイクを施したが、これには容姿を整えるだけでなく、緊張を解く効果も感じられた。

（3）映像作品「MASK KARA AFURERU EGAO」

映像作品「MASK KARA AFURERU EGAO」（図表4-17）は、「コロナ禍だからできない」ではなく、「コロナ禍だからこそ、できることをやろう」というポジティブな発想の転換から生まれた作品である。マスクをすることで口元が隠れてしまい、表情がわかりにくいと思われるが、見方を変えれば、逆に目元が強調され、目の様子だけでも十分に笑顔が伝わることを表現した。

図表4-16　デイケア撮影会「かけがえのない"今"をのこそう」

図表4-17　映像作品「MASK KARA AFURERU EGAO」

（4）写真展

　コロナ禍で、面会や外出の制限がある入院患者に少しでも楽しんでもらいたいという思いから、写真家としても活動する職員の院内写真展を開催した（図表4-18）。人物だけでなく、見慣れた地元の街や海外の風景など、開放感を感じられるさまざまな写真が展示された。

　写真展は院内だけに留まらず、地元の銀行の協力のもと、銀行ロビーでも開催させてもらった（図表4-19）。ここでは、デイケアで開催した撮影会の写真を、山梨の伝統工芸である身延町の手漉きの紙（西嶋和紙）に印刷した作品も展示。コロナ禍での地域とのつなが

図表4-18　院内写真展

図表4-19　銀行ロビー展

りを見出すことができた企画であったと感じている。

（5）認知症の啓発番組をケーブルテレビ局と共同企画

　認知症の理解を深める普及啓発を目的とした番組を、地元のケーブルテレビ局と共同制作し放映した（図表4-20）。ストーリーは当院の認知症予防専門士・認知症ケア専門士が主になって考え、出演も撮影も当院のスタッフが行った。

　当院主体で制作したため、放送後の映像の二次利用も問題なく可能であった。地元メディアを介した普及啓発活動は、広報的な意味合いだけでなく、当法人の経営理念である「地域社会の健康と福祉に貢献する」という視点でも大切な取り組みである。

図表4-20　地元ケーブルテレビ局との共同企画「認知症家族の関わり方 再現VTR」

■（6）デジタルコンテンツの制作

　コロナ禍になってから、映像を使ったデジタルコンテンツの制作にも挑戦した。

　外部の方が院内に入ることを制限されていたため、平常時に行っていた病院見学も実施できない状況であった。見学ができないことで、これから入院される方に不安を与えてしまうだけでなく、リクルート活動にも影響が生じていた。そういった状況の改善策として、法人内の3病院協同で「病院紹介ムービー」を制作した（**図表4-21**）。単に院内を映すだけでなく、コロナ禍に、病院としてどのような思いで、どういった取り組みを行っているのかが伝わる内容となるように努めた。

図表4-21　動画コンテンツ「病院紹介ムービー」

図表4 -22　ホームページのリニューアル

　また、ホームページもリニューアルを行った（図表４ -22）。トップページはバナー形式にし、クリックすると、動画の再生リンクや広報誌のWeb版ページなど、それぞれのコンテンツへダイレクトにアクセスできるようなデザインに変更した。

4　成果と周囲の反応

　2019年に500部だった広報誌『ふえふき川』の発行部数は、2020年11月現在、２倍の1,000部に増え、課題となっていた一般の店舗への配布数も着実に増えてきている。今までリーチできていなかった若年層（認知症の方を例に挙げるなら孫世代）からの受診相談もあり、少しずつではあるが成果が出てきているように感じる。地元ケーブルテレビ局と共同で制作した番組を観て、受診につながったケースもあった。

　外部への効果だけでなく、病院内部にも良い影響が表れ始めている。広報誌で紹介した職員からは、「仕事へのモチベーションがとても上がった」という感想が数多く聞かれた。

　広報は、外部に魅力を発信するのと同時に、内部の魅力を探す活動でもある。当院においても、積極的に広報活動を行ったことで、いくつもの潜在化されていた組織の魅力に気づくことがあった。そういった魅力の発掘の積み重ねが、組織全体のブランディングにつながることを、広報活動を通じて体感することができた。自分たちの組織が目指すゴールやコアバリュー、そしてパーパスを再確認できる最も効果的な手段こそが、広報なのかもしれない。

おわりに

　社会環境の変化とともに「広報」のあり方は変わる。情報発信と情報収集という大きな役割は変わらないが、その手法やチャネルが進化し続けるのである。情報の保存方法や鮮度についても、最適な手法やタイミングを考えるようになってきている。

　例えば書面で残すものをイメージすると、書籍、年報、月刊誌、週刊誌、新聞のような日刊紙など、発行するタイミングが異なるさまざまな媒体があり、発信する情報がどの媒体に適しているかを考え、最適なタイミングで掲載することが必要である。最近はインターネットやSNSの普及で、時間ごと、時には速報という形で瞬時に情報を発信することも可能になってきた。急な診療担当医の変更などは、これまで病院の入口に張り出していたかもしれないが、今では病院のホームページやSNSなどでも発信し、来院前の患者に知らせることができるようになった。

　便利になったからこそ、情報発信のタイミングの最適化が重要になっていると感じる。すべての情報を整理せずにオンタイムで発信し続ければ、すぐに見てほしい情報が、ほかの情報に埋もれて見つけられなくなってしまう。これからは、情報の効果的な発信方法を考えること、つまり「広報戦略」を考えていくことが、広報部門の重要な役割になっていくと思う。

　Web環境の歴史を振り返ると、まずはWeb1.0といわれるインターネットが普及し始めた時代（1990年代～）がある。読み取り専用ページが主流であったが、「検索する」という新しい情報収集手段が現れ、誰もが最新情報（もちろん過去の情報も）を容易に入手できるようになった。次にWeb2.0という双方向コミュニケーションが可能な時代が始まった。2005年くらいから現在まで進化し続けているこのWeb2.0は、SNSとGAFAの時代とも言われている。情報収集だけではなく、インターネットを使うすべての人が、コメントを残し、自ら発信し、Web上で誰とでもコミュニケーションを取ることができるようになった。さらに、スマートフォンの登場によって、「いつでも・どこでも・誰とでも」という環境が、当たり前に使えるようになったのである。

　そしてこれからは、ブロックチェーンという技術が導入されることにより、サーバーや共有のデータベースだけではなく、一人ひとりが情報提供のプラットフォームとなり、いよいよDX（デジタルトランスフォーメーション）の時代に入っていくことになる。病院も自らが発信する情報をしっかり管理し、病院を利用する方々との双方向コミュニケーションをさらに深め、個々にアプローチができる新たな価値を創出していくことになるだろう。

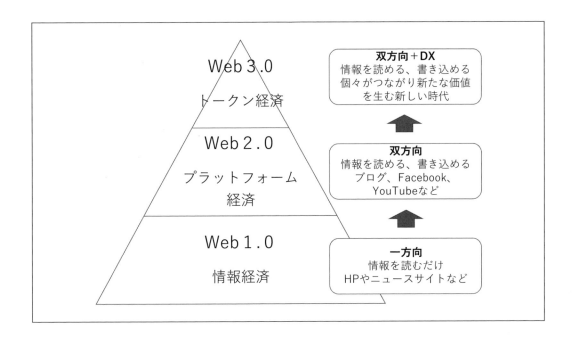

　本書の第4章では、オフライン、オンラインを上手に組み合わせ、病院広報を戦略的に行っている事例を紹介した。特にオンライン（SNSや動画）の活用などは参考にしていただきたいと思う。

　進化する病院広報については、研究会や勉強会なども開催されているので、病院のなかだけで考えるのではなく、外部からの情報も積極的に取り入れて（ここも双方向）、良いものから学び、自らの取り組みも披露し、さらなる知見を得て進化し続けていただきたいと願う。

石井　富美

索　引

編著者紹介

石井　富美 （いしい・ふみ）

多摩大学大学院客員教授、関西学院大学大学院講師、多摩大学医療・介護ソリューション研究所副
所長、株式会社メディカルクリエイト所属シニアコンサルタント
東京理科大学理学部卒業、多摩大学大学院経営情報学専攻科修了。経営情報学修士（MBA）。
医療情報技師、認定医療メディエーター、システムアドミニストレーター等の資格を持つ。IT企業
のSEとしてソフトウェア開発に携わった経験を病院経営に活かし、開設主体の異なる多くの医療
機関の経営に携わった。現在はヘルスケア分野に広く携わり、社会人大学院で地域医療経営の講座
を持ちつつ、地域包括ケアのまちづくりアドバイザー、医療機関の経営サポート、医療経営人材育
成活動、企業向け医療ビジネスセミナーなどを行っている。
主な著書に、『経営企画部門のマネジメント』、『医療経営ブックレット⑩ 今すぐできる！診療デー
タの戦略的活用法』（いずれも、日本医療企画）など。

執筆協力

岩田　裕介 （いわた・ゆうすけ）

（第4章1、2）
医療法人偕行会法人本部コーポレートブランディング部広報課課長
1986年生まれ。2014年、医療法人偕行会中途入職。メディアリレーションズや宣伝、イベント
企画、各種広報物の制作など、偕行会グループの広報活動全般を担当している。

井原　純平 （いはら・じゅんぺい）

（第4章3）
社会医療法人加納岩日下部記念病院医療福祉相談課、ソーシャルワーカー／写真家
1987年生まれ。2010年、日下部記念病院入職。精神科病院の長期入院者に対する地域移行支援
や、認知症者への支援（若年性認知症支援コーディネーターとしての活動）、災害支援（DPAT：災害
派遣精神医療チームでの活動）など、精神保健福祉士として医療の仕事に邁進しながら、並行して写
真家活動を行う。病院の患者や90歳を超える自身の祖母などをライフワーク的に撮り続けており、
近年はそのスキルを活かして病院の広報活動に注力している。

NOTE

NOTE

NOTE

医療経営士●中級【専門講座】テキスト2

広報／ブランディング／マーケティング

——ブランディングを軸にした広報活動と価値共創、自己実現のマーケティング手法

2022年2月25日　初版第1刷発行

編　著　者　石井　富美
発　行　人　林　　諄
発　行　所　株式会社 日本医療企画
　　　　　　〒104-0032　東京都中央区八丁堀3-20-5　S-GATE八丁堀
　　　　　　TEL 03-3553-2861（代）　http://www.jmp.co.jp
　　　　　　「医療経営士」専用ページ　http://www.jmp.co.jp/mm/
印　刷　所　図書印刷 株式会社

ⒸFUMI ISHII 2022, Printed in Japan
ISBN978-4-86439-924-1 C3034　　　　　定価は表紙に表示しています
本書の全部または一部の複写・複製・転訳載等の一切を禁じます。これらの許諾については小社までご照会ください。

『医療経営士テキストシリーズ』全40巻

※タイトル等は一部予告なく変更する可能性がございます。